中国新经济

陈二厚　齐中熙　张辛欣◎著

中国言实出版社

图书在版编目（CIP）数据

中国新经济 / 陈二厚，齐中熙，张辛欣著. -- 北京:
中国言实出版社, 2017.1
　　ISBN 978-7-5171-2202-9

　　Ⅰ. ①中… Ⅱ. ①陈… ②齐… ③张… Ⅲ. ①中国经
济-经济发展-研究 Ⅳ. ①F124

　　中国版本图书馆 CIP 数据核字(2017)第 012970 号

出 版 人：王昕朋
责任编辑：王丹誉
文字编辑：张晓倩
封面设计：杨　启

出版发行　中国言实出版社
　　　地　址：北京市朝阳区北苑路 180 号加利大厦 5 号楼 105 室
　　　邮　编：100101
　　　编辑部：北京市海淀区北太平庄路甲 1 号
　　　邮　编：100088
　　　电　话：64924853（总编室）　64924716（发行部）
　　　网　址：www.zgyscbs.cn
　　　E-mail：zgyscbs@263.net
经　　销　新华书店
印　　刷　廊坊市海涛印刷有限公司
版　　次　2017 年 2 月第 1 版　　2017 年 2 月第 1 次印刷
规　　格　710 毫米×1000 毫米　1/16　12.25 印张
字　　数　188 千字
定　　价　38.00 元　　ISBN 978-7-5171-2202-9

开启"新经济时代"

（代序）

即便不是个科幻迷，当今世界的变化也足以让我们对未来充满惊叹和畅想。用于识别 007 特工的虹膜系统、帮助主人解决健康问题的机器人"大白"、一键启动所有家电的智能家居……近几年科幻电影里的炫科技和浪漫想象，正在一步一步地变成现实。

2016 年的"广交会"上，海尔展区一位约 60 厘米高、有一双大大的"黑眼睛"的机器人，可以帮人们开空调、定闹钟、报天气，还可以跳舞说笑，甚至查看家里有没有漏水；在外远行不放心家里的孩子，小米的安防系统可以让你随时打开手机，"点击"家里每个角落；行李多出门担心打不到车，各种叫车软件可以在你输入目的地、发出指令后，迅速指派专车上门迎接；不用多久，无人驾驶汽车也可以充当你的专职司机，安全精准地把你送到目的地……

这些应运而生的新技术、新模式、新业态，不仅让城市生活中的每一个细胞变得更"聪明"，也开拓了市场，带动了产业结构调整，激活了当前经济发展的一池春水。

国家统计局数据显示，2016 年前三季度，战略性新兴产业、高技术产业保持 10%以上的增速；服务业增加值占 GDP 的比重上升至 52.8%，比去年同期提高 1.6 个百分点；单位能耗同比下降 5.2%；最终消费支出对 GDP 增长贡献率达 71%，比上年同期提高 13.3 个百分点。新动能特别是新产品新服务快速成长。在新经济的带动下，工业生产、需求等主要指标回升，产业结构继续升级转型。

中国经济正在迎来新变化。新变化源自新理念。当前，世界经济在深度调整中复苏，我国经济社会发展仍面临发展方式粗放，不平衡、不协调、不可持续等突出问题，经济增速换挡、结构调整阵痛、动能转换困难交织。破解发展难题，需要以全新的思维方式认识和把握我国发展新阶段的新变化新特点，妥善处理各种重大关系。

摒弃速度崇拜，瞄准长远方向，必须加快发展新经济，培育壮大新动能，用新理念换来有质量、有效益、可持续，甚至是迈向更高阶段的发展。

新理念引领新境界。从新常态下走向未来，找准发力点是关键。厚植发展优势，激活中国经济的巨大潜力，必须依靠新经济，以结构转换释放新的发展潜力，真正在转变发展方式上取得实质性进展。

解决现有问题需要新经济，激活后发优势需要新经济，抢占未来发展制高点仍然需要新经济。什么是新经济？如何利用新经济这枚钥匙，打造中国经济升级版？从主动认知到主动适应，再到主动调整，在解码新经济的过程中，中国经济正在迎来一个可期可待的未来。

一切都有变，只有变化本身是永恒的。站在新的历史坐标上，中国经济正面临调速换挡、结构调整和动能转换的关键节点。新常态、新经济、新阶段、新动能……中国经济站在了全新的历史方位上。

刚刚结束的 2016 中央经济工作会议指出，要把认识、把握、引领新常态作为当前和今后一个时期做好经济工作的大逻辑，形成以新发展理念为指导、以供给侧结构性改革为主线的改革体系，引导经济朝着更高质量、更有效率、更加公平、更可持续的方面发展。这就要求把壮大新经济，培育新动能放在更加重要的位置。

2016 上半年，在出口增长压力较大、固定资产投资增速持续回落背景下，消费这架"马车"依然跑出了靓丽的成绩。三大需求中，最终消费支出对经济增长的贡献率是 73.4%，比去年同期提高了 13.2 个百分点。在经济学家看来，由新经济、新业态、新产品构成的新消费持续快速扩张，是消费领域"澎湃动力"的主要构成因素。日益活跃的新经济、新消费正在成为我国供给侧改革进程中最具活力的组成部分。

与互联网叠加，无疑是此轮快速崛起的新消费最耀眼的特征。如果说两年前大多数消费者还不清楚互联网到底能带来怎样的便利，而今，人们已经难以想象离开互联网的生活将是什么样子。从移动出行、餐饮外卖到智慧旅游……互联网遍布人们生活的各个角落，改造着人们的消费理念，拓宽着消费的新空间。

2016 上半年中国经济成绩单中，"新经济"日益释放活力。上半年，全国网上零售额 22367 亿元，同比增长 28.2%。其中，实物商品网上零售额 18143 亿元，增长 26.6%，占社会消费品零售总额的比重为 11.6%。

一方面，互联网可以为不同消费者提供更加多元的产品，激发出新的消费需求。另一方面，这些新的消费需求，也带动各个领域加速融合，产生供给层面的变化。新经济、新消费并不局限于"互联网+"，各类产业互相叠加也使新产品、新业态不断涌现。如旅游业通过和金融、养老、文化、农业等产业叠加，养老旅游、农家旅游、养生旅游、医疗旅游等新产品层出不穷；同样，在一些产业内部，不同领域的跨界叠加也如火如荼。以百货零售业为例，不少卖场开始加速"去百货化"，致力于向集购物、餐饮、娱乐等于一体的购物中心转变。

这些通过组合、嫁接、渗透形成的新业态，刚好契合了我国消费升级的需求。在不同产业之间、同一产业的上下游、产业和技术、产业和文化等融合过程中，机会无限。谁先进入一步，谁就可能引领整个行业的发展。

早上 7 时 30 分，家住北京市海淀区某小区的王先生照例开车去上班。他先用手机遥控开启了地上的智能车位锁，然后打开"丁丁停车"App 设置了 6 小时租车位时间，不一会儿，就有人在线预约他的车位。

目前，在北京三环内近 200 多个社区停车场已覆盖了丁丁智能车位锁。从交通领域的 Uber 约车、滴滴打车，到住房领域的小猪短租、住百家，再到知识技能领域的知乎网、分答网，分享经济开始向越来越广的领域扩展。

从供给侧角度看，分享经济提高了闲置资源利用率，创新了产品和服务供给模式，满足了大众消费的新需求，刺激了消费几何式增长。与传统经济中企业作为生产者不同，分享经济中的个体既可能是生产者也可能是消费者，使得生产者和消费者之间互动更加频繁，社会协作更加灵活，呈现 N 次方的乘数效应。分享经济不仅是在做加法，更是在做乘法，通过对闲置资源的充分利用，形成新的增长点，为经济注入强劲动力。

新经济、新消费引领新供给，同时也呼唤新环境、新平台——多位经济学者和企业家接受采访时认为，让新经济、新消费、新供给成为推动发展的新动力，同样需要推进制度创新、改善消费环境、扩大有效供给、优化政策体系，营造有利于消费投资互动、供给需求对接和创新驱动发展的良好环境。

事实上，早在 2015 年年底，国务院就发布了相关意见，从构建消费升级、有效投资、创新驱动、经济转型、有机结合的发展路径，系统阐述了以新消费引领新供给新动力的总体思路；2016 年 4 月，国家发改委等 24 个部门联合印发行动方案，从提升消费品品质到改善消费环境，从扶持新消费到引导境外消费回流等方面进行部署，打出全方位、多角度的系列政策组合拳。在这些政策中，消除跨部门、跨行业、跨地区销售商品、提供服务制度障碍，消除不利于消费增长和营造统一市场的各种显性、隐性行政性垄断占据了很大比重。

正如我们采访到的唯品会物流发展有限公司副总经理武迪所说，在蓬勃发展的新经济、新消费背后，是广大消费者和广大百姓对美好生活的向往与期盼，无论是企业还是监管部门，都应该通力合作，在良性互动的基础上以改革创新精神，探索出适合未来发展的新模式来。

目 录

CONTENTS

第一章 "新经济"是什么?

一、"新经济"的源起

"新经济"一词最早出现于美国《商业周刊》1996年12月30日发表的一组文章中,指在经济全球化背景下,信息技术(IT)革命以及由信息技术革命带动的、以高新科技产业为龙头的经济。新经济建立在信息技术基础之上,追求的是差异化、个性化、网络化和速度化。

与之相对应的,则是建立在制造业基础之上的旧经济,以标准化、规模化、模式化、讲求效率和层次化为其特点。

1991年至2000年间,美国迎来了长达120个月的经济景气周期,是1854年有统计以来最长的一个繁荣周期。傲人的成绩使美国经济率先走出20世纪90年代初期的世界性经济危机,年均增长率超过日本、德国等主要竞争对手,在全球中的经济实力相对有所回升。

经济学家们研究发现,彼时的美国得益于新经济的发展,在经济理论中菲利普斯曲线"就业与通货膨胀"间的跷跷板关系被打破,在该经济周期中,在失业率保持低位的情况下,通货膨胀却同业保持稳定。物价增幅保持在较低水平,政府过去长期面临的通货膨胀压力得以消除。如果食品和能源不计在内的话,美国1999年的消费品通胀率只有1.9%,增幅为34年来的最小值,并且出口贸易增长势头强劲,联邦财政赤字逐年减少。

当时经济学家们分析认为美国的"新经济"具有许多不同于以往的新特征，主要表现在以下5个方面：

（1）经济持续增长

从1991年4月开始复苏，美国经济已持续增长了120多个月，远远超出战后美国经济平均连续增长50个月的期限，成为战后美国第3个最长的经济增长期。自美国经济率先走出20世纪90年代初期的世界性经济危机以来，美国经济的年均增长率超过日本、德国等主要竞争对手，从而扭转了美国经济增长速度在20世纪七八十年代落后于日本、德国的局面，使美国在全球中的经济实力相对有所回升。

（2）就业人数不断增加，失业率稳步下降

伴随着20世纪80年代中期以来美国经济结构的调整和以裁员为其主要内容之一的"企业重组"，美国结构性失业日益突出，就业形势急剧恶化。美国失业率在1991年上升到6.7%，1992年就业形势仍继续恶化，全年失业率高达7.4%，失业人数多达900多万人。从1993年开始，美国就业状况开始改善，失业率稳步下降，1998年12月降到了4.3%，这是美国30年来的最低水平。

（3）物价增幅保持在较低水平，政府过去长期面临的通货膨胀压力得以消除

消费物价指数从1992年降至3%后，至今未见反弹，1998年仅为1%。国内生产总值的紧缩价格指数从1990年的4.3%逐步降至1993年以来的2%，1997年第4季度，该指数仅增长了1.5%，全年则为1.8%，是1965年以来的最低点。

（4）出口贸易增长势头强劲

1991—1994年间，美国制造业的劳动生产率一共增长了近12个百分点，超过了日本和西欧国家的增幅。在美国劳动生产率较快提高的同时，其单位劳动成本在20世纪90年代却增长缓慢，结果，美国产品的国际竞争力显著增强，从而使美国得以在90年代初期相继在半导体和小汽车等领域重新夺回世界第一的位置。

（5）联邦财政赤字逐年减少

由于克林顿政府采取了强有力的增税减支政策，美国联邦财政赤字由 1992 年的 2892 亿美元逐步减少到 1996 年的 1168 亿美元，联邦财政赤字占国民生产总值（GDP）的比重也由 1992 年的 4.93%下降到 1996 年的 3%以下。1997 年美国实际联邦财政赤字仅为 226 亿美元。

1998 年 2 月，美国国会最终通过了克林顿政府提出的财政预算平衡方案，力争到 1999 年消除联邦财政赤字，而实际上，美国联邦政府在 1998 年度就已实现了 728 亿美元的财政盈余。

此外，经济界人士认为，新经济的特性主要有三点：

第一，企业越来越注重将价值从有形资产转移到无形资产上。企业扩张的活动越来越频繁，与旧经济时代相比，更加注重对无形资产的利用和控制，同时也更加关注无形资产所带来的价值。

例如，Marriott 公司是世界著名的酒店管理集团，它从不自己建造酒店或拥有任何酒店实体，而只负责对酒店管理；同时像 SaraLee 这样的公司，他们不仅创造品牌，更想拥有品牌，他们是品牌持有人。这类公司不仅不组织生产，同时也很少将资本投入到固定资产上，他们更加重视对品牌的管理。

第二，价值从提供产品的企业转移到不仅提供产品同时提供低价且高度个性化产品的企业，或者能够提供问题解决方案的企业。

例如，世界著名的 DELL 公司，它出售的电脑可以根据每个客户的要求进行组装，实现高度的个性化，同时其售价相对低廉；IBM 则为客户提供问题的解决方案，他们有一整套的流程，可随时为客户解决各种在产品使用过程中遇到的疑难问题，并且接受客户的各类咨询。

第三，企业可以方便地通过数据管理来降低成本，这也是新经济的另一个重要特性。杰克·韦尔奇过去常常在他的营销人员会议上说："改变或者灭亡，对于一个 GE 人来说这不是个令人愉快的做法，但是确实行之有效。"现在他常说的则是"拥抱网络，不只是一个网页"。要拥抱网络，而不只是给出一个网页，意味着拥有一个网页并不表示已经实现了网络化，网页只是网络营销的基础。

脱胎换骨的变化不仅发生在美国，西欧经济也呈现出类似的迹象。得益于信息技术的发展，在多年的经济发展停滞之后，由 11 国组成的欧元区的增长率 1999 年超过 3%，失业率也降至 10% 以下。欧元区第二大经济体法国，其私营部门创造的就业机会也达到 30 年来的最佳水平。从赫尔辛基到里斯本，各地的公司都在新信息技术方面进行大力投资。

美国、欧洲、亚洲……以计算机和互联网为代表的信息技术正在席卷全球。信息技术的飞跃式发展，使得微型计算机终端深入一般家庭，从而推动了互联网的普及。从全社会来看，互联网的出现更为有效地促进了供给与需求的对接，库存减少，生产效率提高，生产成本降低。与此同时，互联网的出现也激发了人们新的消费需求，比如电子商务开始诞生。快速发展的新兴市场，吸引大量创业者、投资者参与到产业链上、中、下游各个环节，第三产业得到快速发展，不仅降低了就业率，也进一步推动了信息技术产业加速发展。企业利润的提高也刺激股市的上涨，人们在股市投资中获得丰厚收益，使得当期财富收入和预期未来的财富收入均大幅提高，人们的消费能力得到显著提高，从而推动社会的总需求和总供给的扩张，经济实现快速增长。有学者认为，"以互联网为代表的信息技术"替代"房地产+汽车"成为新的经济增长动力。

新技术带来新产业、新产业引来新财富、新财富刺激新需求、新需求带动新供给、新供给引发全产业结构升级……信息技术带来的多米诺骨牌效应，给美国乃至世界经济带来一场不同于以往历次产业革命或比历次产业革命都更加深刻的新一轮产业革命。

美国商业周刊于 1996 年和 1997 年分别刊发《新经济的胜利》和《新经济：其真实含义是什么》两篇文章，正式提出"新经济"一词并对其进行定义。文章认为："新经济"并不意味着经济周期的消除和通货膨胀的死亡，而是经济全球化和信息技术革命两大新趋势。

我们可以把"新经济"理解为新一轮产业革命推动下社会生产力的新飞跃，这样更有助于从美国模式理解当下中国的新一轮经济现象以及引发的经济变革。

回顾历史上每一次的技术革命，不难发现，紧随其后的就是产业的更替和市场的开拓。智能手机出来之前，没有人会想到它会成为生活中最亲密的"伴侣"；4K 电视面世之前，人们无法想象在家看电影也能达到裸眼 3D 效果；云计算"走下云端"之前，人们甚至难以预料它会成为像水、电一样的公共资源，随用随取。用创新推动经济发展和增长的，都可以理解为新经济。

当下，以信息技术革命为代表的"新经济"，究竟"新"在哪里？我们如何更好地去认识它、把握它、借鉴它？

就美国已经发生的情况来看，"新经济"的"新"主要表现在以下几个方面：

首先，微观层面来看，新经济的"新"在于迅速聚集起的创新效应。它不仅包括采用一种新产品，或产品的一种新特性，采用一种新生产方法或新商业方法，还包括开辟一个新市场、实现一种新组织等等。

就美国而言，新经济聚集起的创新效应，特别突出的，就是一大批高新技术的中小企业迅速诞生与崛起。以信息技术产业为例，由计算机整机的生产分解出集成芯片的生产；由计算机硬件的生产分解出各种软件的独立生产；由单个计算机的生产分解出互联网产业发展；由互联网发展引发出新的商业形式……好比原子裂变，新经济引发出更多独立的产业，并渗透到国民经济各个部门，产生了巨大的创新效应。

其次，就市场运作层面来看，新经济的"新"使竞争空前加剧。

新经济始于创意，却恰恰因为创新集聚，而使得竞争加剧，产业更迭迅速。不乏一些公司瞬间融资上市，一夜暴富，也很快被其他公司所取代。有数据显示，2000 年 1 至 3 月，在纳斯达克股票市场新上市的企业有 176 家，然而，新下市的企业也有 173 家。截止到 1999 年底，纳斯达克股票市场连续三年来，新下市的企业数超过了新上市的企业数。新经济引发的竞争，不同于传统意义上的价格战，更重要的是一场创新的战役，拼的是对市场敏锐的嗅觉、对产品精益求精的精神等等。新经济的发展也使这种竞争走出国门，赋予了全球化的意义。因为互联网的无国界，以信息技术为代表的新经济，也进一步加速了经济全球化的进程。

当然，新经济的"新"，更体现在制度的创新。为了释放创新，增强活力，政府通过简政放权，减少直接干预，将市场的还给市场。同时，为使市场机制能够发挥作用，除了简政放权，还在监管上给予制度保证。比如，为了保护企业创新积极性，美联储在确保金融市场的稳定上发挥重要作用，美国政府也通过包括鼓励金融创新等在内的一系列政策，为新经济发展提供了资金支持。不仅在财税金融领域，包括对外贸易、产业融合、科技等多个方面，都出台了相应的措施。从某种程度上，可以说新经济的发展，也是这些政策综合作用的结果。

总体而言，从狭义角度讲，"新经济"指的是以信息技术发展为基础推动经济发展方式的改变，由此，"新经济"也可称为"信息经济"或者"互联网经济"。从广义角度讲，"新经济"指的是创新推动经济发展方式的改变，从人类经济社会发展的角度看，信息技术仅仅是经济社会发展中创新的一个方面，创新可以包括制度创新、技术创新、原料创新等等。以煤炭为燃料取代木炭，使人类文明由农耕文明跨越至工业文明；内燃机和电话电报的发明，彻底改变了人们传统的生活方式；公司制度的创立，将无数分散的资本汇聚成改变世界的力量。上述每一个创新，都大大提高了生产力，推动经济社会不断向前发展。

二、全球新经济发展轨迹、现状

一般来说，每一次科技革命发生之后，处于科技前沿的发达国家会率先应用新科技加快经济增长，随后，在较低经济发展阶段上的后起国家相继跟进，应用新科技加速对发达国家的赶超。

经济学家认为，迄今为止人类社会经历过三次科技革命，分别是18世纪下半叶开始的"工业革命"、20世纪下半叶开始的"大规模工业化"和"信息技术革命"。每一次科技革命都带动全球经济的迅猛发展。然而，科技革命对于经济增长的巨大推动作用却不是稍纵即逝，而是会持续数十年甚至更久。因此，被称之为"科学技术革命"的这几次大事件，产生的是具有"通用技术"性质的新技术以及其在各个领域反复经历开发、应用、再开发、再应用的过程,在两次科技革命之间不断掀起创新浪潮。

在世界经济增速放缓、国际金融危机影响仍未消除的今天,全球主要经济体的关注目光正在从危机转向经济结构的改革和创新。挖掘新潜力,寻求新动力,关键在技术,基础在产业。

当前,全球创新活动日趋活跃,出现了信息技术、生物技术、能源技术、材料技术交叉融合、深度渗透、群体兴起的新局面,许多领域正处于产业化突破临界点,越来越多的国家认识到以信息产业为代表的新经济是未来产业的发展趋势。

抓住"新工业革命"的契机,大力发展新经济,成为当下多数国家的选择。新一轮产业革命正在全球范围内孕育兴起,将成为世界各国都在寻找的未来发展新动力。

1. 全球经济面临新挑战

美国商务部公布的数据显示,由于消费、投资及出口均出现疲势,2016年第一季度美国实际国内生产总值按年率计算增长0.5%,低于前一季度1.4%的增速,显示美国经济增长动能放缓。

美国商务部指出,一季度增速放缓的主要原因在于消费开支增速放缓、非住宅固定投资大幅下降、出口和政府开支下降。数据显示,占美国经济总量近70%的个人消费开支一季度按年率增长1.9%,低于前一季度2.4%的增速;受油气行业投资下降影响,非住宅固定投资当季大幅下降5.9%;出口则下降2.6%。

同时,美联储宣布维持基准利率不变,指出美国经济喜忧参半,通胀持续低迷。

不只美国。当前,"增长乏力"是世界经济的主要烦恼,"复苏疲弱"更是全球经济的主要形势。

欧盟委员会发布春季经济展望报告,报告显示,欧元区19国2016年国内生产总值(GDP)预计增长1.6%,2017年预计增长1.8%,分别低于2月份发布冬季经济展望报告中预计的1.7%和1.9%。欧盟委员会也同时下调了欧盟28国今明两年的经济增长预测,称2016年欧盟GDP预计增长1.8%,2017年达到 1.9%，分别低于 2 月份预测的 1.9% 和 2.0%。报告指出，下调增长预测的主要原因在于全球经济疲软，欧洲主要的贸易伙伴经济增长减速。

几乎是同一时期，联合国发布《2016 年世界经济形势与展望》年中修订版报告，也为全球经济定了调。该报告认为，全球经济增长持续疲软，预计 2016 年和 2017 年世界经济将分别增长 2.4% 和 2.8%。按人均计算，许多发展中国家和地区的 GDP 增长放缓尤为明显。在非洲，人均 GDP 增长预计在 2015 年至 2017 年期间仅能达到每年 0.4% 的平均水平，全球经济下行风险依然偏高。

数据总能在现实中找到印证。国际金融危机爆发至今已过 8 年，全球经济复苏依然缓慢而脆弱，国际市场需求疲软、信心不振的局面没有明显改善。目前全球经济已陷入低需求、低增长、低就业之间的循环，短期内难以摆脱这一困境。

困境的根本是全球经济的内生动力缺乏。传统增长模式动力减弱，新的增长引擎尚不强劲，新旧动能转换衔接面临较大挑战，经济驱动力出现"青黄不接"局面。内生动力不足，则使得全球经济结构性调整任务更加艰巨。

有识之士认为，全球经济走出困局，需要用新经济形成新引擎，释放新空间。而随着新一轮产业革命的到来，全球产业分工的传统体系可能会重塑，产业结构将出现深刻调整，新的竞争格局将形成。

2. 各国纷纷发力新经济

信息通信技术的深度应用引领制造业变革方向，善于把握数字化、网络化、智能化大趋势，积极拥抱信息化和工业化深度融合的制造企业将更有竞争力。现在热议新一轮科技革命和产业变革，有专家认为是第三次工业革命，也有说是第四次，也就是工业 4.0。无论哪一种表述，一个共同的突出特点，就是信息通信技术在其他产业、领域的深度渗透和广泛应用，尤其是互联网与制造业的深度融合。

主流观点认为，数字化、网络化、智能化技术的创新发展和广泛深度应用，将催生新一轮产业革命，重塑竞争优势，激活经济发展的巨大潜力。

从生产方式看，智能制造成为制造业变革的核心。德国工业4.0、美国工业互联网、新工业法国等都将智能制造作为抢新一轮产业竞争制高点的关键选项。所谓智能制造，我们理解为包括智能化的产品、装备、生产、管理和服务，主要载体是智能工厂和智能车间。CPS（信息物理系统）是实现智能制造的重要手段，这一系统通过集成计算、通信与控制于一体，实现大型物理系统与信息交互系统的实时感知和动态控制，使得人、机、物真正融合在一起。智能制造可以实现传统制造业无法实现的目标，最典型的就是批量化个性定制生产。

从发展模式看，绿色化、服务化日渐成为制造业转型发展新趋势。欧美的"绿色供应链""低碳革命"，日本的"零排放"等新的产品设计和生产理念不断兴起，节能环保、再制造等产业链不断完善，绿色制造、增材制造日益普及，制造业绿色发展的内涵和方式得到极大丰富。服务化转型方面，随着互联网等新一代信息技术的广泛应用，企业生产加快从传统的以产品制造为核心向提供具有丰富内涵的产品和服务转变，服务型制造、生产性服务业快速发展。产业组织方式将呈现网络化、平台化、扁平化。

抓住新一轮产业革命带来的战略机遇。这对全人类来说都是一个重大的机遇。如能抓住这一历史机遇，产业就可以加速升级；如果不能抓住机遇，就可能在新一轮的技术竞争中落伍，被边缘化。

围绕新一代信息技术革命的全球战略布局全面升级，抢占竞争制高点成为全球主要大国的共识。当前，全球主要经济体不约而同地推出一系列重大战略举措，把科技创新作为国家发展战略的核心，把绿色发展作为国家发展战略的关键，相应地制定了国家战略，大力实施"再工业化"和"再制造业化"，加紧布局新兴产业特别是推动信息技术的广泛和深度应用，以抢占未来科技创新和产业发展制高点。

先让我们来看看美国。

最先嗅到新一轮科技革命的美国，也在推动新经济发展上走在前列。以制造业为例，美国政府在全球率先形成了推动先进制造业合作伙伴计划。

2011年6月，美国正式推出先进制造业伙伴计划，旨在通过新兴技术创新应用和发展智能制造，确保美国在全球制造业的优势地位。为推进先进制造业伙伴计划，2012 年 3 月，美国宣布成立"国家制造业创新网络（NNMI, National Network for Manufacturing Innovation）"，采用德国弗劳恩霍夫研究所的运行模式，支持新技术新工艺的应用研究，由联邦政府出资一半，地方政府、企业、高校、研究机构等出资一半左右，计划投资 10 亿美元，成立 15 个创新研究所。2013 年 7 月，奥巴马政府宣布将研究所数量从 15 个增加到 45 个，计划实施年限从 4 年增加到 10 年。目前，已正式成立 5 个，宣布即将成立 4 个。

围绕推进智能制造，美国专门成立了数字制造与设计创新研究所、面向智能制造的清洁能源制造创新研究所等两个创新研究所，预计投入 3 亿多美元，推动共性技术创新应用。数字制造与设计创新研究所由国防部牵头，出资 7000 万美元，地方配套 1.06 亿美元通过开发并应用数据共享、供应链整合、一体化模型设计、数字制造等技术实现复杂产品从设计到制造的高度整合。目前已经通过企业征集、专家评定方式启动了七个研究项目，具体包括工厂信息安全、智能工厂可视化和实时优化、智能机器的通信标准、车间级增强现实和可穿戴计算、产品和系统数字化设计、信息物理制造操作系统、虚拟验证等几个方面。面向智能制造的清洁能源制造创新研究所近期将推出，由能源部出资 7000 万美元，地方配套相应的资金具体支持。

当然，创新极度发达的美国，还通过行业组织，将创新链和产业链很好地结合在一起。比如成立智能制造领导联盟。美国智能制造领导联盟主要由高等院校、企业等组成，资金来源于政府资金、企业及社会捐赠。2011 年 6 月，该组织发表《实施 21 世纪智能制造》报告，提出将信息技术与供应商、经销商、顾客和业务系统相互联系在一起打造智能工厂，并提出了到 2020 年所要实现的智能制造的具体目标。

此外，工业互联网的雏形也在美国诞生。通过龙头企业发挥骨干效应，打造双创平台，将创新更好地和市场对接，和产业挂钩。2012 年 11 月，美国 GE 公司提出将先进设备与 IT 融合——工业互联网。2014 年 3 月 GE 公司联合 AT&T、思科、IBM 和英特尔在波士顿宣布成立工业互联网联盟（IIC），旨在打破技术壁垒，加快互联机器与设备的开发、采纳和广泛使用。

2020 年智能制造发展指标

缩减产品开发周期	产品开发周期缩短 10 倍； 国际市场竞争力、产品出口量显著提高。
降低软件、系统成本	智能软件和系统成本降低 80%—90%； 经济实惠的模型和运算平台得到广泛应用。
扩大实施智能制造的企业范围	制造企业智能工厂采用率达 75%； 实现数字建模的设备及系统达 90%； 在生产、供应链管理等业务中获得使用。
工厂运营效应、资源利用率与安全性显著提升	运营效率提升 20%，运营成本减少 30%； 能源使用率提升 25%，用水量减少 40%； 生产周期缩减 40%，安全事故减少 25%； 产品在供应链中实现可追踪和可追溯。
维护发展美国制造业基础	制造业企业收入增长 25%； 新的产品与服务收入提升 25%； 中小企业数量增加 1 倍； 高技能就业岗位同步增长。

其次，让我们来比对德国，看看这个在人们印象中"一丝不苟"的工业巨头是如何布局未来的。

2013 年 4 月，德国在汉诺威工业博览会上正式推出工业 4.0 战略。工业 4.0 是 2010 年 7 月德国政府《高技术战略 2020》确定的十大未来项目之一——旨在支持工业领域新一代革命性技术的研发与创新。该研究项目由德国联邦教研部与联邦经济技术部联手资助投入 2 亿欧元，在德国工程院、弗劳恩霍夫协会、西门子公司等德国学术界和产业界的建议和推动下形成。

工业 4.0 旨在将物联网和服联网应用到制造业正在引发以信息物理系统（CPS）为核心的第四次工业革命。工业 4.0 的核心在于打造智能工厂，推动企业建立全球互联网络，把它们的智能装备、生产系统、管理流程与生产基础设施融入这一系统中，确保德国制造业的领先地位。

同样是制造业领先国家的日本曾于 20 世纪 90 年代联合欧洲、美国开展智能制造联合研究项目，随后推出智能制造系统计划，打造无人化工厂等。近期提出实施"产业重振计划"，侧重人工智能的研发及应用，对发展人工智能技术的企业给予优惠税制、优惠贷款、减税等多项政策支持，谋求在国际竞争中胜出。

经济学家认为，科技革命对于经济增长的巨大推动作用不是稍纵即逝，会持续数十年甚至更久。具有"通用技术"性质的新技术以及其在各个领域反复经历开发、应用、再开发、再应用的过程，将不断掀起创新浪潮，推动全球经济走出低谷迈向繁荣。

而在这过程中，全球范围"信息差""生产差""经济形态差"将缩小和消除。不仅是技术，技术标准也越来越成为世界各国发展贸易、保护民族产业、规范市场秩序的重要手段。

掌握了产业的标准，就成为改变世界信息产业发展进程的重要力量。传统贸易链也将走向终结，世界经济平台正从地区分割走向全球一体化，传统的贸易商及其支持服务商或机构如银行、质检、海关、配送、保险等将和三代 B2B 模型公司一起将世界的采购方与中国的制造商形成一个新的以信息流、货物流、资金流三流合一的利益共同体，整合时代即将到来。

就总体科技发展水平来说，我国仍然有较为明显的后发优势，能够利用现有科技成果实现比发达国家更快的创新驱动增长。

三、中国新经济理念提出的时代背景和重要阐述

经过改革开放 30 多年的飞速发展，中国不仅成为世界第二大经济体，而且进入了中等偏上收入国家行列。然而，新的问题随之而来，在长期形成的粗放式发展惯性作用下，一些重化工行业和一般制造业形成了严重的产能过剩，不仅加大了经济下行压力，而且成为突破"中等收入陷阱"过程中的重负。此外，在环境保护、资源节约、公共服务、社会公平等领域，也存在着很多短板。

世界各国的经济发展史证明,在从中等偏上收入国家向高收入国家迈进的时候,恰恰是产业结构变化最剧烈的时候。进入新常态的中国经济,面临一系列新的突出矛盾和问题,表象上是速度问题,根子上看是结构问题。从这个角度上看,中国发展新经济,既是全球经济发展到现阶段的必然要求,也是解决中国经济突出问题的一剂良方。

1. 看全球,中国发展新经济是大势所趋

从国际上看,**国际经济合作和竞争局面正在发生深刻变化,全球经济治理体系和规则正在面临重大调整**。我国发展仍处于重要战略机遇期,但其内涵发生深刻变化——

看增长,国际金融危机后,我国经济体量在增大,世界经济却在放缓,带动力明显减弱;观贸易,发达国家纷纷去债务化,加之保护主义抬头,市场逐步萎缩,我国出口增长不可避免遇阻;察趋势,新一轮科技革命和产业变革蓄势待发,发达国家推进再工业化,我国制造业比较优势减弱。

外部环境的变化,正在为我国的创新和绿色发展战略带来新的机遇和挑战。当然,机遇和挑战并不是绝对的,在一定条件下甚至会相互转化,机遇把握不好就变成了挑战,挑战应对得当也会转化成机遇。

从机遇来看,主要包括超大规模国内市场、良好要素基础、社会普遍共识等方面。

其一,在拓展外部市场空间难度加大以及生产地和消费者相分离的产业分工体系出现变化的背景下,超大规模国内市场的重要性还将进一步凸显。中国具备仍在不断成长的超大规模国内市场,而且越发表现出个性化、多样化特征。新消费需求的涌现将推动新技术、新产品、新产业、新商业模式的快速发展,并为整个经济的转型升级提供新动力机制。

其二,中国的"科技人口红利"正在显现,网络化环境中大量同文化、同语言人口带来的"新人口红利"正在成熟,具有支持自主创新和海外并购的相对充足的资金基础,而且具有相对雄厚的制造业基础,很多领域特别是能源领域的技术水平取得明显进步。在诸多与创新和绿色发展高度相关的要

素基础方面，中国都已具备较多积累甚至是特有优势。

其三，社会共识是推动经济社会转型发展的重要动力，而中国经济创新和绿色发展共识凝聚期、转型发力期与新一轮产业革命的酝酿兴起期，已经在时间段上高度重合。

从挑战来看，主要包括国际产业分工体系调整、体制机制适应性调整等方面。

其一，新一轮产业革命的发展，可能对中国的传统竞争优势带来重大影响，从而对现有的产业体系形成重大挑战。一方面，工业机器人等智能装备的运用，"无人工厂""少人工厂"的出现，将深刻改变传统的大批量制造和流水线式生产模式，使劳动力成本影响产业竞争力的重要性下降。另一方面，数字化制造的优势体现在对市场需求的快速反应和提供个性化产品，若分散化的生产方式取得重大发展，则中国的产业规模优势和配套优势将遇到重大挑战。

其二，中国现行体制长期以来更适应赶超型发展要求，在引领型方面的成功实践和积累还较少。要真正实现创新和绿色发展，依然面临着一系列体制机制改革的重大挑战。

历史经验表明，创新驱动总是能够深刻改变世界发展格局。16、17世纪的科学革命标志着人类知识增长的重大转折。18世纪出现了蒸汽机等重大发明，成就了第一次工业革命，开启了人类社会现代化历程。19世纪，科学技术突飞猛进，催生了由机械化转向电气化的第二次工业革命。20世纪前期，量子论、相对论的诞生形成了第三次科学革命，继而发生了信息科学、生命科学变革，基于新科学知识的重大技术突破层出不穷，引发了以航空、电子技术、核能、航天、计算机、互联网等为里程碑的技术革命，极大提高了人类认识自然、利用自然的能力和社会生产力水平。一些国家抓住科技革命的难得机遇，经济实力、科技实力、国防实力迅速增强，综合国力快速提升。

当今世界，新一轮科技革命蓄势待发，物质结构、宇宙演化、生命起源、意识本质等一些重大科学问题的原创性突破正在开辟新前沿新方向，一些重大颠覆性技术创新正在创造新产业新业态，信息技术、生物技术、制造技术、新材料技术、新能源技术广泛渗透到几乎所有领域，带动了以绿色、智能、泛在为特征的群体性重大技术变革，大数据、云计算、移动互联网等新一代信息技术同机器人和智能制造技术相互融合步伐加快，科技创新链条更加灵巧，技术更新和成果转化更加快捷，产业更新换代不断加快，使社会生产和消费从工业化向自动化、智能化转变，社会生产力将再次大提高，劳动生产率将再次大飞跃。

科技创新在哪里兴起，发展动力就在哪里迸发，发展制高点和经济竞争力就转向哪里，现代化高潮就兴起在哪里。激烈竞争中，唯创新者进，唯创新者强，唯创新者胜。

立足新常态，迎接新挑战，把握新机遇，推动中国经济发展转方向、换思路，必须加快实施创新和绿色发展战略，发展新经济，跟上甚至引领世界科技发展新方向，掌握新一轮全球科技竞争的战略主动。

一场新的科技革命乃至产业革命正在席卷全球，抓住新一轮科技革命和产业变革的重大机遇，就是要在新赛场建设之初就加入其中，甚至主导一些赛场建设，从而使我们成为新的竞赛规则的重要制定者、新的竞赛场地的重要主导者。

处于发展关键时点上的中国，同样吸引着全世界的瞩目。

"十二五"已经收官，"十三五"顺利开局。

此时此刻，中国不断向世界传递创新驱动的强烈信号——

"要解决世界经济深层次问题，单纯靠货币刺激政策是不够的，必须下决心在推进经济结构性改革方面作更大努力，使供给体系更适应需求结构的变化。"

"我们强调坚持进行结构性改革，着力解决经济中的深层次和中长期问题，让中国经济走得更好更稳更远。"

"实施优化产业结构、构建低碳能源体系、发展绿色建筑和低碳交通、建立全国碳排放交易市场等一系列政策措施，形成人和自然和谐发展现代化建设新格局。"

"经济全球化时代的工业化需要利用好国内国外两个市场、两种资源，发挥好自身比较优势，实现资源全球配置。"

......

党的十八届五中全会提出坚持创新、协调、绿色、开放、共享的发展理念；"十三五"规划用专门篇章部署未来5年实施创新驱动发展战略，强化科技创新引领作用；2016年发布的《国家创新驱动发展战略纲要》为建设世界科技创新强国描绘了路线图和时间表，并做出了"坚持双轮驱动、构建一个体系、推动六大转变"的总体部署，以构建中国新的发展动力系统。

2016年召开的全国科技创新大会、两院院士大会、中国科协第九次全国代表大会上，习近平总书记强调，在我国发展新的历史起点上，把科技创新摆在更加重要位置，吹响建设世界科技强国的号角。

以科技创新为第一动力，驱动中国持续健康发展的"集结号"已然吹响。奋起直追、迎头赶上、力争超越，以科技创新为第一动力的全面创新，将为中国插上圆梦的翅膀。

2. 观国内，中国开辟新经济是发展之要

6.7%——2016年前三季度，我国经济在换挡中继续延续了稳中有进的发展态势。数字折射趋势。事实上，当前经济下行压力难以消减，有世界经济"乱云飞渡"的波及，有中国自身体量庞大的新特点，但根子是结构性问题，看似需求放缓，实则有效供给不足，经济增长内生动力正在发生重大变化。

衡量经济发展有两把标尺，一把是总量，一把是结构。前者代表的是速度和规模，后者反映的是质量和效率。从历史视角观察，外延式增长是我国改革开放以来经济发展的主要特征，正是廉价要素大规模投入和潜在市场需求集中释放的强大动力，支撑起长期的经济快速增长。

但长期以来，过度使用强刺激、高投资等宏观政策，带来生产要素错配、投资回报递减、企业活力下降、产能严重过剩等副作用。经济高位增长与结构失衡并存，导致经济发展质量和效益降低。

当前，经济下行的一个重要原因是工业增长下滑，工业企业盈利水平下降。而这些主要是产业结构不适应需求变化，部分行业产能过剩严重。统计数据显示，钢铁、铁矿石、煤炭、石油、石化等重化工业部门，产业过剩尤

其严重。PPI 连续 50 多月负增长，这五大行业对整个工业 PPI 下降的贡献占 70%到 80%。

一个经济进入成熟期，经历过高速期之后，产能一定会出现过剩的情况，必须要把过剩的产能压下来，使供需实现平衡，这是绕不过去的一条路。欧洲、美国、日本地区过去都经历过非常痛苦的去产能阶段。

促进过剩产能有效化解，促进产业优化重组已成为当前中国经济改革的重要任务，甚至关系着未来中国经济转型的成败。

传统制造业转型升级需要新的牵引力，也将创造新市场和新需求。从这点上看，发展新经济，将带动传统产业进入战略机遇期。

产能过剩是结构性问题的表象之一。当前中国经济运行中，逐步呈现出一系列新特点、新规律，这些都直指结构性问题。从需求来看，传统的"三驾马车"中，出口拉动经济的作用明显弱化，投资尚有空间但带动力已然下降，高端产品供给不足导致消费集中爆发力减弱。从供给来看，"人口红利"快速消失，资源环境承载力接近甚至达到极限，成本提升让全要素生产率增速持续下降。

结构性矛盾愈加突出，不但拖累经济发展，还将制约持续发展后劲，使得经济社会发展不稳定性和不确定性加剧。

如果不调整结构，投资就没有效益，无法偿还的贷款借债形成坏账后，财政金融风险将陡然增大；如果不调整结构，产品就没有市场，过剩的中低端产品不可能满足消费升级的需要；如果不调整结构，企业就没有利润、员工就没有收入，也难以依靠实体经济挖掘中国经济增长潜力；如果不调整结构，政府就没有税收，民生和公共服务无从改善，社会也难以和谐稳定。

新常态面临新挑战，唯一的出路是创新求变。不创新是死路一条，创新慢了也不行。如果我们不识变、不应变、不求变，就可能陷入战略被动，错失发展机遇，甚至错过整整一个时代。

风险挑战倒逼之下，调整结构、转换动力是必然选择。实施创新驱动战略发展，是必然抉择。

中国进入中等偏上收入水平国家后，需求增长总体比较平稳但出现了新升级，产业结构要跟上来，现代服务业和高端制造业要加快发展，产能严重过剩行业要加快出清，这样才能形成新的核心竞争力。

推动我国经济社会持续健康发展，推进供给侧结构性改革，落实好"三去一降一补"任务，必须在推动发展的内生动力和活力上来一个根本性转变，塑造更多依靠创新驱动、更多发挥先发优势的引领性发展。

而发展新经济，从供给侧入手，创造新供给，满足新需求，不仅开辟新的经济增长点，更是促进过剩产能有效化解，促进产业优化重组，帮助产业转型升级，找到新竞争优势，为结构调整迎来"重要窗口期"。

创新，是未来中国必须遵循的五大发展理念之首。党的十八届五中全会强调，必须把发展基点放在创新上，形成促进创新的体制架构，塑造更多依靠创新驱动、更多发挥先发优势的引领型发展。

一方面，新技术的涌现，特别是互联网技术应用和相关产业的突飞猛进，为我国提供了结构调整"弯道超车"的巨大可能。一方面，推进创新突破，把旧动力积累的优势转化为新动力成长的条件，这是动力转换的关键所在。

比如，个性化生产、个性化消费创造新的需求。2015 年中秋节，"3D打印月饼"热销市场。通过 3D 打印的模具，月饼可实现小批量个性化定制。10块钱一个的月饼，打上个性化标志后卖到 16 块钱。杭州杉帝科技有限公司总经理虞洋坦言，传统制造业竞争太激烈，毛利最多百分之三四；3D 打印开辟新空间，净利润超过三成。

比如，抢占高端装备，带动产业链迈向中高端，将开拓新的市场。

"80 后"汪滔，在深圳一间民房里创立的大疆公司，十年不到已占据全球消费级无人机市场份额 70%，估值达到 80 亿美元。如今，他以 36 亿美元的身价，挺进《福布斯》全球科技界富豪 100 强。

以此为代表，新常态下的中国经济，已经显现出创新带来的新希望——

当前，我国正在实现以科技创新、模式创新、体制创新等为动力，从要素驱动向创新驱动的转换；以提高能源资源利用效率为核心，从传统发展模式向绿色发展模式的转换；以主动开放、加快融入为突破口，积极参与新一轮产业革命的技术研发、规范制定和战略分工，从被动跟随向主动引领的角色转换；以信息技术的深度应用、广泛渗透为重点，改造提升制造业部门的产业链、价值链，引领服务经济新产业、新业态、新模式创新，从制造业、服务业各自分工发展到一体化发展的转换。通过创新驱动和绿色导向，统筹利用国内外资源，提高资源配置效率，引领经济发展从低端向中高端迈进，提升中国经济的发展质量、效益和国际竞争力。

3．以制造业为例，解析新经济的必要性，以及对"传统经济"的颠覆

如果新经济仅仅是新在"墙外开花"，那么，它将不足以支撑起对整个经济转型升级的重任，也将无法凝聚起经济发展的新动力。新经济之新，一定要体现在对"传统经济"的改变上，让"老树发新芽"，才能激活经济发展的一池春水。

制造业是立国之本、兴国之器、强国之基，也是当前稳增长、调结构的战略支点。新经济对制造业的改变，意义重大。在此，本节将以制造业为例，深入解析在我国发展新经济的必要性，以及新经济为我国经济带来和即将带来的巨大发展空间。

2015 年起，中国制造业被一个"马桶盖"弄得风波不断。国外企业在中国设厂或委托代工生产国际品牌产品，出口到国际市场再被中国人买回去，原先以为仅存在于高技术产品和奢侈品领域，却没想到在自认为颇具优势的家电等领域也如此尴尬。

2014 年和 2015 年我国公民境外消费金额分别达 1 万亿元和 1.3 万亿元。境外消费额中，主要包括购物、机票住宿、文化体育、餐饮娱乐、休闲旅游、教育培训等，其中，境外购物支出占 50%左右。境外购物由主要集中在珠宝等高端消费品向婴幼儿乳粉、非处方药、厨卫用品（电饭锅、刀具、马桶盖）等生活用品扩展。

一下子，对于中国制造的争论四起，有人说，中国制造是廉价的代名词，附加值低、技术含量低、质量不过关，有人说，中国制造不转型，中国经济将难以找到新的发力点。

现在被当作掣肘的制造业，曾经也是新经济。凭借人口红利、产业承接转移，制造业的兴起为我国贡献了长达几十年的经济高增长，我国也已于2010年超过美国成为全球制造业第一大国，形成了完备的工业体系和产业配套能力，孕育出一批具有国际竞争力的优势产业和骨干企业。在联合国公布的500余种主要工业产品中，我国有220多种产量位居世界第一，2014年有56家制造企业进入世界500强，11家工程机械企业进入全球50强，通信设备制造商跻身世界第一阵营。

以我们生活中最常接触的消费品为例，目前我国生产的消费品中，有100多种产品产量居全球首位，家电、制鞋、棉纺、化纤、服装等产能占全球的50%以上，轻工、纺织出口占全球的30%以上。2015年，我国消费品工业增加值占GDP的比重达11%，消费品工业增加值、利润总额占全部工业的比重分别为31.9%和35.8%，比2010年分别提高3.6个百分点和8.9个百分点。

制造业大国，我们毫无疑问。但同时，大而不强、基础不牢的问题依然突出，外在表现在不能满足消费者的需求，内在则体现在关键核心技术、产品质量和可靠性水平、节能降耗等方面与世界制造强国的差距仍然明显。

我们都说供给侧改革，瞄准的却是需求侧。通过创新，开发消费者的有效需求。让大家意识到，哦，原来我还需要这样的东西，生活中有了这些产品，会更加方便和舒适。需求创造出来了，市场自然就打开了。

举个最简单的例子，在纺织服装领域，尼龙系带丝的研发，催生出了薄羽绒服，也开拓了消费者对秋羽绒的需求。

目前，我国制造业制造能力强，创新力不足，有效供给不足。这有几个原因：一是我国科技含量高、质量品质高、品牌认可度高的产品供给不足；二是不少质次价高的商品甚至假冒伪劣产品不绝于市，特别是食品药品质量安全成为全社会普遍关注的焦点，严重抑制消费和内需扩大，甚至造成大量购买力持续外流；三是我国消费品的品牌相比国外产品还处于弱势，一些消费品品质非常好，国外大量到中国扫货，但我国消费者却不认同，这说明我国消费品主要输在了品牌认知度上；四是国内消费环境相对境外而言要差一些。

我国制造业规模体量大，在可预见的未来仍是经济增长的主导力量，也是推进供给侧结构性改革的主战场。对一个拥有 13 亿人口的发展中大国来说，无论是从激活未来的消费潜力，还是带动未来的产业发展上，传统产业决不能忽视，改造提升的步伐一刻也不能停。

那么，如何改造制造业？如何焕发新活力？

没错，用新经济。

首先，用技术创新催生新的市场。

不久前，在北京五环路上，由百度主导研发的无人驾驶汽车上路测试，各项性能稳定。车内有集高精度地图定位、语音图像识别、智能决策分析等功能于一身的专业"司机"，车顶有个实际路况和气候探测分析雷达，按个键，输个地址，就能把你送到目的地。

目前，百度选择了一批车厂合作实验，并将在今年选取 10 个城市进行试点。这些城市的选择将综合考虑气候、路况、规模等多种因素。通过试点，充分搜集数据，进行模型分析，以确保自动驾驶技术安全可靠。

百度副总裁王劲说，百度正通过合作和技术研发等方式，最大限度地降低无人驾驶车成本。比如，在三到五年内将车载雷达降到 2 万元人民币以下。预计到无人驾驶车正式商用时，与人工驾驶相比，综合价格不到后者的三分之一。

无人驾驶车的研发，为汽车领域开辟了新的市场，也带动了传统车厂布局高科技，抢占未来竞争制高点。

当前，无人驾驶车、新能源汽车等应运而生，发展迅猛。不仅让我国制造业在新的领域有了重新起跑的机会，也带动了汽车产业转型升级。

新技术带来的新领域，同样包括机器人。随着人工智能的发展，机器人早已不是电影和动漫里的幻想，它们已经"走"出荧屏，来到人间。

广交会上，海尔展区就有这样一个"暖男"等着你。这位名叫 Ubot 的机器人约 60 厘米高，有一双大大的"黑眼睛"。它可以帮你开空调、定闹钟、报天气，还可以跳舞说笑，甚至查看家里有没有漏水。

不想扫地？没问题，机器人可以帮你；擦玻璃危险？OK，机器人可以搞定。只要是社会生活需要的领域，就会有相应的机器人出现。在科学考察、医疗康复、教育娱乐、家庭服务等领域，服务机器人已研制出来并实现应用。在工业领域，机器人也是"遍地开花"，几乎渗透到每个行业。

经济要向中高端迈进，技术创新是重要一环，既促进了产业技术进步，亦可形成工业有效投资。据测算，1亿元技改专项资金可拉动投资近20亿元，新增工业产值约30亿元、利润约3.1亿元，带动就业约2800人。

中央已经明确要求把技术改造放在更加突出的位置，决定实施新一轮制造业重大技术改造升级工程。一方面，加大技改资金规模，完善政策体系，支持企业瞄准国际同行业标杆全面提高产品技术、工艺装备、能效环保等水平，实现重点领域向中高端的群体性突破。另一方面，改革技术改造专项资金支持形式，更多采用后补助、贴息等方式，提高资金使用效率。同时，按照简政放权、公开透明的要求，简化申报程序，减轻企业负担，支持企业获得中央技术改造专项，调动各种社会、市场资源，支持企业技术改造发展。

除了新技术，一些理念、模式的创新也为当前经济带来新意。减少线下店铺铺设，用网络场景销售，让电商与服装企业告别竞争走向共赢；拼车、拼饭等分享经济的兴起，让人们以更低的成本和更高的速率来配置海量闲置资源……

这些创新中不难发现，互联网日益成为驱动产业变革的先导力量。互联网大潮下，制造业将变得更加智能。智能制造是工业变革的核心，而以人工智能、深度学习等为代表的新一代机器人则是重中之重。随着关键技术和零部件的不断突破，未来，机器人将加快完成由机器向"人"的转变。拥有更拟人的外形，更加智慧和灵巧。以机器人为代表，将衍生出很多超乎想象的新产业和新业态，帮助解决社会和产业问题，服务国计民生。

比如，未来，指挥交通的也许是个机器人；孤独老人也不用担心养老，智能护理系统将给出贴心的服务……浙江等地提出"机器换人"计划，广东、天津、云南等地也加快培育智能制造模式。工信部给出的规划表中，未来五年，消防救援机器人、手术机器人、智能型公共服务机器人等都将来到我们身边。

其次，用生产方式创新提高效率。

比如，借力互联网，定制的门槛降低了，效率提高了，制造业开始走进柔性定制、柔性供给的新时代。每一个想法都得到满足，每一件作品都打上唯一的标签，依托云数据和云制造，当前的制造业可以在流水线上实现个性化定制的工艺传递，实现点对点的柔性供应。

在青岛服装企业红领集团，动动手指，输入个数据，简单扫描，定制服装就能在流水线上完成。

红领先进的扫描系统，可以在一两秒钟内精准获得消费者 19 个部位的 22 个数据。而这些数据将实时传入云数据，自动生成版型传输到车间。流水线上的工人只需打开显示器，扫描布料上对应的条码，就能自动完成服装制作。

在已有的工业生产中加点互联网的"料"，不仅会降低成本提高效率，还能实现精准供给，开拓新的市场。红领集团这条智能服装定制生产线，每天可生产西装 1500 套，价格降至同类的三分之一至五分之一。未来，红领还将成为互联网解决方案供应商，为服装企业设计定制生产线。

将数据进入云计算系统，让电脑针对不同的用户需求，指挥完成产品个性化生产。未来，很多工厂都会在"云"中。

在互联网时代，传统产品将被具有感知、存储和通信功能的智能产品所取代，消费者正成为深度参与生产制造全过程的产销者，传统的大批量集中生产方式加快向分散化、个性化定制生产方式转变。

互联网带来的柔性供应，不仅消费者有感受，企业本身也体会颇深。

不久前，中国航天科工集团在国内率先打造我国第一个工业互联网平台——航天云网。它以提供覆盖产业链全过程、全要素的生产性服务为主线，依托航天科工科研创新和生产制造资源，整合广泛社会资源，构建"互联网+智能制造"产品服务体系。

该平台也是"云制造"理念的最新试验场。早在 2009 年，中国工程院院士、中国航天科工集团二院科技委顾问李伯虎就在国际上率先提出了"云制造"理念，核心是供给方把资源虚拟化后"拽"到"云池"，需求方再将其"拽"出来，获得从设计、定制生产到后期维保的全程服务。

李伯虎认为，云制造是制造业信息化发展的一种新模式。它的模式就是由原来的生产型为主，向生产+服务型为主的网络化、协同化、敏捷化、绿色化、服务化、智能化方向发展。

数年间，航天科工所属单位接连打造天智网、航天物资网、航天工业网，目前已初具规模。登录航天云网，"云制造""创新创业""工业品商城"三大核心业务入口分外醒目。在这里，用户能享受创业融资、需求交易、产品租赁、专家咨询等多项服务。

航天云网一方面可以服务于航天科工集团系统内部，例如利用航天科工旗下科研机构的先进3D打印技术设备，航天云网可以对外提供在线打印服务；航天科工集团下属制造企业也可以通过航天云网发布需求，寻求配套供应企业。另一方面，作为中间平台，航天云网也能为航天系统外的供需企业搭建合作桥梁。例如，深圳某科技发展有限公司正在研制一款波峰焊喷嘴，但受自身条件限制无法独自完成研发和生产，将需求信息发布到航天云网后，该公司目前已顺利获得国内某科研机构提供的解决方案。

基于互联网的网络化协同制造平台，打破地域限制，通过更加灵活、更有效率的方式聚集资源，可实现企业内部以及企业之间研发设计、生产制造的协同共享。今年来，航天科工所属单位在航天云网集中发布采购需求信息，覆盖金属、装备、电工、电子等制造行业。2016年4月初，航天科工集团率先在航天云网平台上发布了430亿元协作采购需求，以需求牵引上下游企业，运用互联网思维寻求价格更低、质量更优的供应商，提高资源配置效率。

此外，中国商飞实现了全球协同网络平台环境下的产品研发制造，其中ARJ21支线飞机全机的31000项零部件中，有超过77%是在全球10多个国家、104家供应商之间协作研发和制造完成的。

当然，依托互联网，内部组织扁平化和资源配置全球化成为制造企业培育竞争优势的新途径。内部管理方面，很多企业运用互联网开放、协作与分享的特点，减少了内部层级结构，企业的生产组织更富有柔性和创造性。外部资源配置方面，制造业全球化步伐加快，生产和流通方式、贸易领域发生了巨大变化，企业通过网络将价值链与生产过程分解到不同国家和地区，技术研发、生产以及销售的多地区协作日趋加强。

当前，互联网与制造技术的深度融合，正引发制造模式、流程、手段、生态系统等重大变革，有利于打造新型制造体系，加快形成经济增长新动能以及精准、高效的供给体系，推动产业提质增效、迈向中高端。

另外，绿色化、服务化日渐成为制造业转型发展新趋势。欧美的"绿色供应链""低碳革命"、日本的"零排放"等新的产品设计和生产理念不断兴起，节能环保、再制造等产业链不断完善，绿色制造、增材制造日益普及，制造业绿色发展的内涵和方式得到极大丰富。服务化转型方面，随着互联网等新一代信息技术的广泛应用，企业生产加快从传统的以产品制造为核心向提供具有丰富内涵的产品和服务转变，服务型制造、生产性服务业快速发展。

习近平总书记指出："现在人类已经进入互联网时代这样一个历史阶段，这是一个世界潮流，而且这个互联网时代对人类的生活、生产、生产力的发展都具有很大的进步推动作用。"

以互联网为代表的新一代信息通信技术处于跨界融合和群体突破爆发期，技术创新活力和应用潜能裂变式释放。物联网、云计算、大数据等新一代感知、传输、存储、计算技术加速集成创新，智能控制、人机交互、智能材料、生物芯片、生物传感等领域交叉融合，量子通信、生物计算、全息显示等前沿基础性信息技术处于突破性创新前夜，正引发多领域的系统性、革命性、群体性技术突破。

当下，在全球互联网正处于从消费领域向生产环节拓展的关键时期，发达国家提出了工业4.0、工业互联网、智能制造等新战略，推进互联网与制造业融合发展，以制造为关键环节、制造业为主战场、制造企业为主力军，抢占新一轮产业革命发展理念、架构标准、核心技术、生态系统的竞争制高点。

在此形势下，我国必须发挥互联网应用创新活跃、产业规模领先、人才资本聚集以及制造业门类齐全、独立完整、规模庞大的双优势，形成叠加效应、倍增效应、聚合效应，在充分发挥规模经济的同时发展个性化制造、个性化服务，加强精细管理和商业模式创新，全面、持续地增强我国制造业的国际竞争力。

"中国制造+互联网"成为未来产业发展的主攻方向。信息通信技术的深度应用引领制造业变革方向，善于把握数字化、网络化、智能化大趋势，积极拥抱信息化和工业化深度融合的制造企业将更有竞争力。现在大家热议新一轮科技革命和产业变革，有专家认为是第三次工业革命，也称第四次工业革命，也就是工业4.0。无论哪一种表述，一个共同的突出特点，就是信息通信技术在其他产业、领域的深度渗透和广泛应用，尤其是互联网与制造业的深度融合。互联网+双创+中国制造2025，彼此结合起来进行工业创新，将会催生一场"新工业革命"。

在这些新亮点的引领下，传统产业和新兴产业加速融合，逐步探索出更宽更广的发展之路，带来脱胎换骨的巨变。它有望演变为我国经济转型升级的成功模式，对世界很多国家有重要借鉴意义。

第二章 "新经济"革命，就发生在你我身边……

小小的一间房间内，摆满了各式各样的植物盆栽，LED 光不断闪烁，这里就是智能植物工厂。智能化植物工厂技术率先突破了基于光配方的 LED 光源创制与光环境智能调控、营养品质调控以及基于物联网的智能化管控等关键技术，有了这项技术，以后植物不需要土壤也能生长，这不仅能够突破耕地的限制，还能够减少物流和环境的成本。

不同于以往的插管胃镜，只需喝一口水，吞下一粒普通胶囊大小的胃镜机器人，这颗"有眼有脚"的小小机器人，就会在人体内"翻转腾挪"，360度无死角地观察胃部所有部位，不会给受检者带来不适感，只需 15 分钟即可完成胃镜检查。

此外，探月工程、量子通信、北斗导航系统、智能无人驾驶汽车……在近日向公众开放的国家"十二五"科技创新成就展上，一大波最新、最前沿的科技成果悉数亮相。这些创新成果，有的已经服务于经济社会和百姓生活，有的即将来到我们身边。

2016 年初夏的中国，生机勃勃。人们从未如此深刻的感受着创新给这个国家、社会甚至每个人的生活带来的变革。无论是第一、第二还是第三产业，都正在被新经济、新技术、新业态、新动能所改造。可以说，"新经济"已经渗透到经济和社会生活的每一个角落，瞄准了传统经济各个环节的"痛点"，不仅是对传统经济的"革命"，同时与百姓的生活也息息相关。

新经济并不远，新经济就在你我身边。让我们看看身边的几个典型的企业新经济实例：

一、百年药企在"大健康"概念下如何捕捉新经济机遇

2015 年 10 月 29 日，党的十八届五中全会通过《中共中央关于制定国民经济和社会发展第十三个五年规划的建议》，其中提出推进"健康中国"建设，深化医药卫生体制改革，理顺药品价格，实行医疗、医保、医药联动，建立覆盖城乡的基本医疗卫生制度和现代医院管理制度，实施食品安全战略。在事关国家和民族前途命运的关键节点，以习近平同志为核心的党中央做出了"推进健康中国建设"这一顺应国家发展需要、呼应人民群众期盼的重要战略部署。

"健康中国"不仅是民之所向，也孕育着巨大的市场机遇。当前，我国已跨越了解决基本温饱的阶段，在这个时间节点上提出"健康中国"战略，一是因为我们的物质生活水平在经济快速发展的基础上已经有了很大的提高，已经具备了健康中国建设的基础条件；二是随着收入水平的提高，人们对生活质量的要求日益提高，人民群众对健康的追求更突出、更迫切。从国际上看，美国健康产业占 GDP 比重超过 15%，加拿大、日本等国超过 10%，我国则仅占 GDP 的 4%至 5%。有专家认为，"十三五"时期，我国健康产业有望掀起一轮快速发展的浪潮，市场规模约在 5 万亿左右。

什么是"健康中国"？国家卫生和计划生育委员会主任李斌这样解释："健康中国不应是一个医疗的中国，不是医院越盖越多的中国，也不是病人越来越多的中国，更不是医疗费用越来越高的中国，它一定是预防为主、关口前移，有大量的疾病预防控制人员在做好健康管理、健康维护等疾病预防控制工作，并把健康知识教给群众，我的健康我做主，我的健康我维护，让群众成为维护健康的主人。"

为此，中国政府在《国民经济和社会发展第十三个五年规划纲要》基础上，参考 2030 年可持续发展议程描绘的美好蓝图，正在编制《"健康中国 2030"规划纲要》，强调以人的健康为中心，以深化医药卫生体制改革为动力，以健康促进和提高生命全程的质量为目标，通过将健康融入所有政策的路径，建设"健康中国"，并着力实施六大任务，即塑造自主自律的健康行为，构建覆盖全民均等化的公共卫生服务体系，健全优质高效的整合型医疗卫生服务体系，完善健康保障体系，建设健康环境，以及发展健康产业。

健康人人需要，医疗也是从人类起源就开始萌生的行业。到了近代，随着人类科技的进步和对健康的追求，医疗作为一项健康产业越做越大。国内外知名制药企业，无论是辉瑞制药，还是同仁堂，都已历经百年发展。在新的历史条件下，这些制药企业如何与"互联网+"对接，打通全产业链，寻找新的增长极？作者采访了百年制药企业辉瑞中国，看看他们如何在新经济浪潮下转换思路，捕捉新的机会。

1. 创新移动医疗模式

2015 年 1 月 31 日，由辉瑞中国联合红杉资本、软银中国、弘晖资本等和医学界专家共同举办的"创新 e 疗"创业大赛颁奖仪式暨嘉宾圆桌会议在北京举行。杏树林、掌上药店、掌上糖医三支创业团队在经过项目初筛和激烈的路演角逐后，凭借新颖的创意、清晰的战略愿景、优秀的运营水平、全面而平衡的团队架构等优势从 200 多个参赛项目中脱颖而出并斩获大赛三甲。

在当天举行的圆桌会议上，辉瑞中国区总裁吴晓滨、红杉资本中国基金合伙人陈鹏辉、弘晖资本管理合伙人王晖、北京医师协会副会长支修益、全国脑血管病防治研究办公室主任王文志等 10 余位嘉宾就移动医疗的未来模式及前景进行了探讨和展望。与会嘉宾一致认为，移动医疗有利于扩大医疗服务获取渠道、优化健康信息数据、提高医务人员工作效率、提升患者就医体验、缓解患者看病难看病贵的问题，成为我国医疗卫生改革的积极推动力，在未来几年内将持续升温并迎来井喷式发展。

看病难、看病贵是近年来百姓反映最强烈的社会痛点。目前，中国医疗资源过度集中在大型三甲医院，基层医疗卫生资源配置不合理，社区和基层医疗机构还无法充分承担首诊的功能，导致患者看病难的状况依然严峻。支修益教授介绍，中国 80%以上的优质医疗资源集中在三甲医院，导致了三甲医院重点学科的医生非常繁忙。另一方面，基层医院和社区服务中心可使用的医疗资源和技术支持有限，潜力不能有效发挥。

百姓的"痛点"正是新经济的"发力点"。据普华永道报告显示，到 2017 年，移动医疗全球市场的发展将带来 230 亿美元的收入，中国则有望达到 25 亿美元。移动技术将遍及世界各地，成为医疗保健服务行业的主要推动力。

作为"创新 e 疗"创业大赛的主要发起单位，辉瑞公司创建于 1849 年，迄今已有 160 多年的历史，总部位于美国纽约，是目前全球最大的以研发为基础的生物制药公司之一。2015 年，辉瑞公司全年合计收入 540 亿美元，在全球拥有 9.7 万多名员工，64 家生产基地，业务遍及全球 175 个国家和地区。2015 年"财富全球 500 强"企业中辉瑞排名 211 位。自 20 世纪 80 年代进入中国以来，辉瑞目前已发展成为在华最大的外资制药企业。辉瑞目前在中国有超过 1 万名员工，业务覆盖了全国 300 余个城市。

作为医药行业首个着眼于探索医疗服务的未来模式、提升治疗效果的创业大赛，"创新 e 疗"大赛自 2014 年 12 月 19 日启动，吸引了 200 支创业团队的热情参与，收获了 200 多个令人灵感迸发、充满创业激情的参赛方案。经评委会初审和面试，10 支优秀团队在决赛现场进行了项目演示和答辩，最终杏树林凭借以医生为中心的平台，把服务延伸到患者关系管理和诊后跟踪管理，其卓越的管理团队等优势获得大赛评委的青睐，斩获冠军殊荣。掌上药店、掌上糖医团队分获第二、第三名。三支创业团队有望进一步获得创投机构、辉瑞公司和医疗资源的投入，包括与辉瑞相关治疗领域的项目合作机会及医学教育等相关医学资源。

作为一家传统的"百年药企"，除了药品研发外，辉瑞为何要鼓励、支持甚至参与到移动医疗领域的创新？

"在更广泛的领域和社会经济层面为老百姓提供高质量、可获得和可负担的医疗卫生服务是中国医疗卫生改革的重要目标。这与辉瑞'携手共创 健康中国'的企业使命相一致。"辉瑞中国区总裁吴晓滨表示："辉瑞公司希望携手优秀的创业团队、投资机构、医学界专家等一起来探讨创新的'改善就医理念提升治疗效果'移动医疗模式，将线下资源对接到移动医疗平台，为中国广大患者带来更高效更优质的医疗健康服务和体验。"

业内专家也认为，打通线下与线上资源，联通药企、医院、医生、患者等多方的信息瓶颈，不仅造福广大患者，也创造了新的市场机遇。移动医疗将变革未来医疗服务模式。

吴晓滨表示，在临床实践中，肿瘤科医生希望在治疗的关键环节中，能与自己的病人进行高效、有针对性的持续管理。而对于诸如高血压、高血脂等慢性病科室的医生来讲，他们的需求更侧重于如何能让患者提前充分了解自己的病情，正确选择合适的就医途径，长期监测和管理疾病。从患者角度出发，多数患者希望能与医生保持及时沟通，以便能充分了解自己的病情进展及诊疗情况。虽然目前市面上的移动医疗产品已经在探索这方面的解决方案，但是依然无法充分满足医生希望持续跟踪自己诊治的病人、病人希望了解如何选择适合自己的医生和医院等方面的问题。

据 GSMA 和普华永道联合发布的报告显示，移动医疗健康设备中增长前三的分别是：监测服务、诊断和治疗。到 2017 年，中国医疗监测服务市场将达到 12 亿美元，其中超过 90%的收入来自于慢性病管理。

2. 整合"大健康"概念

"大健康"概念下，药物并不是健康管理的全部，从健康观念到药物研发，从医师培养到药物、细菌的常年监测和大数据整理研究，都是其中应有之意。谁看得更远、布局更广，谁自然能抓住未来的机遇。

感染性疾病是人类健康和生命的主要威胁之一。近年来，抗菌药物的不合理应用、细菌耐药性的不断增强以及新抗菌药物的研发乏力，使得细菌感染的诊治面临巨大挑战。

国家卫生计生委医政医管局相关部门负责人在 2014 年的中国抗菌药物临床应用管理长效机制管理论坛上提出，"近年来，抗菌药物管理 'AMS

（Antimicrobial stewardship）'策略正在越来越多的国家得以应用。目前，我国的抗菌药物管理在两方面还有待完善和提高：一是管理精细化水平还需提高；二是技术支撑需更加完善。长期看来，需要建立抗菌药物管理长效机制（AMS），这不但包括执行现有法律法规，还要在医院内部建立包括感染性疾病专业医生、临床药师、临床微生物专业人员在内的有效的抗菌药物管理技术支撑，合理有效地管理抗菌药物临床使用"。

自 2007 年起，辉瑞就支持卫生部开展了针对抗菌药物合理使用的项目，并跟随着国家卫计委针对抗菌药物临床应用管理的步伐，在公司开展了以加速完善中国抗菌药物临床应用科学化管理体系、促进合理应用、遏制耐药趋势、更好的服务病患为愿景的系列项目，统称为"领航者项目"。

2015 年，在国家卫计委的指导下，由国家卫计委医院管理研究所牵头主办、辉瑞中国支持的"细菌真菌感染诊治培训项目（培元计划）"正式实施。主管部门组建了由复旦大学华山医院抗生素研究所所长王明贵领衔，国内知名感染病学、临床微生物学和临床药理学专家组成的项目专家委员会，同时，项目设立首批 6 家项目培训基地，为培训的开展提供技术支持。

医师的培养计划和抗菌药物的耐药性管理，按理应是卫生部门该管的事，药企为何"插手"？作为这一项目支持方代表、辉瑞中国相关人士表示，药物不是治疗疾病的全部，我们需要不断积累专业知识并提升管理体系，同时还需要医院层面的多学科合作。辉瑞将一如既往地支持中国政府和临床专家一起寻求解决之道，积极参与促进中国医疗卫生事业的发展并提高人民健康水平。

自 2012 年，辉瑞还独家支持了全国细菌耐药监测网（CARSS）的建设和发展，辉瑞也由此成为首家支持 CARSS 的药企。截至目前，全国细菌耐药监测网 CARSS 覆盖 31 个省（区、市），下设技术分中心、质量管理中心及省级监测中心，纳入监测医院约 1400 余家。监测网的制度日益健全、体系更完善、保障更有力，无论是帮助国家管理决策还是指导临床合理用药，都发挥着重要作用。

国家卫计委合理用药专家委员会办公室副主任刘晓琳打开手机上的全国

细菌耐药监测网(CARSS)信息系统,输入最高权限密码后,她可以实时浏览全国 1400 多家医院的细菌耐药监测信息动态。刘晓琳说:"细菌耐药监测工作是行业里的重点、难点和痛点,国际上也丝毫不敢懈怠。这项工作被称为行政和技术结合的典范。10 年来,我国细菌耐药监测走过了一条由点及面、小步快跑的发展道路。"

辉瑞有关负责人强调,全国约 1400 余医院的常规药敏数据形成了"大数据库",从中提炼"黄金",形成的细菌耐药监测报告,为行政部门制定决策、更好地指导临床合理应用抗菌药物、延缓我国细菌耐药进程发挥重要作用。

3. 探索"跨界"合作

在新经济时代,有句话叫"跨界得生存"。我们看到,在传统的医药健康领域,不论是药企、保险公司、投资机构等,都在寻求新的市场机会。即使是百年老店,也不能包打天下,不仅要打通线下与线上资源,还要跨界与其他行业合作,共同打造"大健康"产业,为"健康中国"这一伟大目标共同努力。

2016 年 3 月 19 日,由辉瑞中国、中国平安、腾讯、君联资本四大行业代表企业跨界联手主办、全球最大基金会比尔及梅琳达·盖茨基金会等支持的"医路成长、携手共赢"医疗合伙人创新合作方案大奖赛在京举行。12 支创业团队经过现场激烈的路演角逐后,3 支团队依靠务实的战略愿景、创新的服务模式、清晰的资源布局、顶尖的运营能力得到评委青睐,荣获冠军奖项,其中"名医主刀""爱耳时代"并列服务类冠军,"肿瘤捕手"斩获技术类冠军。同时,"肿瘤捕手""新型侵袭性真菌病早期快速联合诊断产品""诺辉"分别荣获最受大众关注奖、最具创新价值奖、最具医疗价值奖。

辉瑞方面表示,此次"医疗合伙人"更侧重于合作和开放,探索创新医疗生态产业链。合作在于对合作方案的深度挖掘及行业内优质资源的有效整合;开放则指四家行业代表企业以及合作方都将开放跨界的优势资源,如辉瑞丰富的医学资源,平安丰富的商保、医保、金融机构资源,腾讯的精准流量扶持、孵化支持等资源,以及君联资本的财务投资和所投企业的协同投资等，与参赛团队一同探索有效造福中国患者的创新医疗模式。

辉瑞中国区总裁吴晓滨认为，此次搭建创业大赛平台，就是希望能够团结中国的各方医疗创新力量，让有创业激情的年轻人获得更多机会进行创新，为患者提供更大的价值服务，为医生创造更好的执业环境、发挥更大的价值，从而改善中国的医疗环境。他说，本次大赛旨在融合各方资源、完善医疗生态圈建设、寻求各方共赢、探索有效造福中国患者的创新医疗模式。主办方是由制药、互联网、保险及创投四方首次跨界合作，共同打造的全方位医疗资源平台。此次大赛报名的377家企业中，互联网医疗企业占报名总数的48%，排名2—3位的分别为医疗服务、医疗器械和制药及相关企业。总体说来，本次参赛企业涵盖领域跨度较大，从现在最热的互联网医疗、体外诊断、基因检测、医疗大数据到传统的医疗器械、药物研发、康复连锁等。

其他行业的"合伙人"又是如何看待跨界医疗的呢？

腾讯投资执行董事穆亦飞认为，中国医疗体系的各个环节相对完整，但有很多地方不够完善，互相之间配合得还不够默契。腾讯致力于将人与人、医疗服务、设备、医疗和健康信息通过互联网连接起来，为各个环节增添"润滑剂"，使整个医疗体系能够高效运行。

对于"医疗合伙人"，平安养老保险副总经理张林表示，这个项目是平安目前非常重要的跨界合作。作为医疗服务的支付方，平安可以在各种服务和商业模式上提供各种帮助。平安既可以一手管理用户的钱，又可以一手服务用户的健康。

君联资本董事总经理欧阳翔宇表示，作为一家专注医疗投资近十年的VC，君联资本将充分发挥独有的产业链、价值链、资本链"三链协同"优势，推动资本+产业的互动双赢，共同打造中国医疗行业的健康发展生态。

二、广汽的"传奇之路"——看传统企业如何制造"新消费"模式

170.1%——这是个惊人的增速。2016年上半年各车企陆续公布市场战报，

其中，广汽传祺的业绩表现尤为突出，1-6月份累计销售16.6万，同比大幅增长170.1%，超额完成半年销量目标，增速位居中国品牌榜首。

在中国车市深度调整之下，自主品牌何以逆势大幅上扬？合资换不来的汽车技术，合资难以反哺的本土品牌，本土品牌苦苦挣扎却难有收获的向上之路，在传祺身上都可以找到答案：这是一条自主品牌成功的必由之路。

"中国汽车不能停留在'模仿者''追随者'的阶段。通过深化供给侧改革，提升产品品质，中国品牌也能打造汽车的'新供给'模式。"广汽集团副总经理、广汽乘用车董事长吴松如是说。

1. 供给侧改革：在品质上做加法

走进传祺整车车间，流水线上的工人正在紧张作业，汽车底盘安装、车身检查、内饰完善……随着车间滚轴向前滚动的节奏，不同工序必须在固定的时间内完成工作，每57秒就生产一台车。

有条不紊却又保持着快节奏。从2011年1.7万辆到2015年的19万辆，再到2016年上半年累计销量16.6万辆，在产品问世不足六年时间里，广汽传祺以年复合增长率80%的增速位居中国品牌第一。相形之下，国内车市正经历深度调整，优秀的中国品牌正在加速崛起，部分合资品牌下滑明显。上半年乘用车共销售1104.23万辆，同比增长9.23%。其中，自主品牌乘用车共销售473.45万辆，同比增长12.78%，增幅高于合资品牌。

"传祺今年以来的增长速度，是这几年长期积累铺垫的总爆发。这些年市场在发展，消费者期待品质高、性价比也高的产品。市场的选择说明，只有充分发挥自主品牌优势、理解消费者需求、提供高品质产品，才能真正解决供需错配的结构性矛盾。"吴松说。

这些年，汽车行业发展环境发生深刻变化。2015年，中国乘用车市场合资品牌增长仅2.3%，中国品牌增长15.3%，份额由38%提升至41%。在中心城市，优秀中国品牌增速加快，已经具备与合资品牌直面竞争的实力。在地县市场，中国品牌增长更加迅猛。吴松认为，特别是在合资品牌价格下压的情况下，中国品牌仍然凭借优秀的性价比有效守住了防线，实现了大幅增长，品牌向上取得显著成功，从长期来看，中国品牌必将占据中国市场主导地位。

吴松认为，如今国内的汽车市场，正如当年的长征一样，中国品牌在强大的合资对手的夹缝中，只有竖立中国品牌必将崛起的坚定信念，才能克服艰难，磨砺前行，最终实现汽车工业的"中国梦"。

起步与世界同步，从中高级入手。对标优秀合资品牌和国际品牌，持续在品质上做加法成为传祺的发展战略。吴松表示，传祺的品质之路是整合全球智慧的成果：第一阶段，通过引进欧洲先进技术，以"引进、消化、吸收、再创新"的发展模式，构建了完整的数据体系和产品进化序列；第二阶段，逐步转变为技术引领创新的全新发展模式，形成了完全自有的平台和技术基础。

"广汽传祺作为广汽集团全力打造的自主品牌，经过9年发展已具备与合资品牌媲美的实力。传祺的发展方向完全符合中央提出的'创新、协调、绿色、开放、共享'的五大发展理念。我们始终秉承'为亲人造好车，让世界充满爱'的宗旨，坚持正向开发，坚持国际标准，以世界的眼光，聚合全球优势资源，创建了传祺核心竞争力和无与伦比的体系优势。"

在吴松看来，这几年他运用了"六大法宝"，从供给端为传祺打造了一个崭新天地。

一是创新驱动，广汽传祺品牌全面进入2.0时代。经过几年探索，初步构建了以广汽全球研发网为依托，面向市场，安全、品质、成本先导，创新驱动的研发生产体系。实现了产品开发导入过程技术、制造、质量、采购等多部门充分联动，初步形成了从设计、开发到生产制造的全部流程，搭建了基础数据体系和产品发展序列，形成了传祺品牌的核心竞争力。广汽研究院在2015年全国各行业约1100家国家级企业技术中心评价中并列第十名，其整体研发实力已接近国际领先水准。

二是广汽生产方式成果显著。"广汽有别的企业不具备的优势，与世界排名第一的丰田公司合作，又与以技术创新为特点的本田合作，使我们起步就与世界同步，建立了创新驱动的发展模式。"吴松说，传祺通过吸取日系车企造车与管理经验，融合岭南文化精髓，打造了一套工艺更先进、流程更简洁、操作更轻松、充分调动员工潜能、持续改进改善、彻底消除浪费的广汽生产方式，实现了低成本、高品质和高效率。通过深层次开展 TPM 和 TQM 活动，在生产过程中保证品质，在确保品质中生产，整车直接合格率大幅提升至 90%，发动机装配线一次合格率接近 99%。

三是广汽采购方式为传祺品牌发展提供了重要保障。"我们充分融合欧美和日韩体系的优势，创建了具有世界水准的传祺供应链体系，打造了技术最优、品质最佳、成本最低和供应最及时的广汽采购方式。"吴松以关键的零部件供应为例，在大力引进世界先进供应商的同时，传祺派出技术力量培养本土供应商，2009 年，欧美供应商占 40%，日韩系占 20%，国内占 40%。目前国内优秀供应商已占 50%，欧美系占 35%，日韩系占 15%，供应品质逐年大幅提升。从 2007 年建厂至今，传祺零部件供应不良率已下降到百万分之二十六，与丰田等品牌比肩，达到世界先进水平。

四是开创广汽营销方式，传祺营销取得重大突破。吴松称，传祺从 2011 年 56 家 4S 店发展到现在的 380 多家，基本覆盖了全国重点市场。通过 4S 店、卫星店和二网构建传祺营销服务生态圈，实现传祺网络高质量、高密度、低成本、全覆盖。全面加强网络营销，网销上半年 3.25 万，占比 23%，部分优秀经销店网销比例占 35%—40%，未来将形成立体化的营销服务生态圈。

五是创新管理机制。"我们融合各方优势，创建了国企的平台、民企的效率、合资的流程这一管理模式。"聚集一批有产业报国理想的人才；对市场的反应、对资本的敏感、对资源的配置非常高效；体系化、制度化、流程化，使得成功的经验能够不断推广、完善，错误不再重犯、优势得以进化。

六是品牌持续向上，成就中国最好汽车品牌和中国发展最快汽车企业。传祺荣获 CCTV 年度品牌大奖、轩辕奖、汽车行业唯一信用形象典范企业等重量级奖项，并作为亚洲唯一汽车合作伙伴参演好莱坞大片《变形金刚 4》。去年 1 月，传祺作为唯一中国汽车品牌参加北美车展，GS4 全球首发被雅虎财经授予"创新未来"大奖。去年 11 月迪拜国际车展，获得 CNN 等国际权威媒体"Best Chinese Car Brand"的盛赞。近日，传祺荣膺全球最著名的财经类媒体之一——Bloomberg Business（彭博商业）授予的"The Fastest Growing Chinese Automaker"（中国发展最快的汽车企业）大奖。

2. 创新化生产：体系就是品质的保证

在吴松看来，深化供给侧改革，引领汽车新消费，需要创造优质的产品，而这一切的保证在于优质的、持续创新的研发生产体系的保障。

吴松将丰田当成标杆，不止一次拿传祺与丰田做比较。1966年10月，丰田推出第一代卡罗拉开启了其历史上最为重要的发展阶段。卡罗拉上市当月，公司产量首破万辆，五年后（1969年）带动公司产量达到100万辆。眼下的传祺，正与丰田当初关键发展阶段有着极强的巧合性，2015年推出GS4后也是首月产量破万辆，同样在五年后（2020年）公司规划产量达到100万辆。GS4让广汽传祺成为家喻户晓的品牌，也带动传祺销量的迅猛增加。

明星车型GS4自2015年4月上市以来，销量持续攀升，第二个月便月销过万，第三个月即超众多主流合资品牌，挺进全国SUV销量三甲。今年6月销量2.61万辆，同比增长143.6%，持续三个月位列全国SUV销量前二。在今年汽车市场持续低迷的情况下，GS4在200T的基础上推出了235T，极大地增强了GS4的市场竞争力，目前销量已占据了70%以上的比例，成了"现象级"增长车型。

GS4的成功，传祺的自信，很大一部分来自于技术和制造的优势，而传祺的体系建设已经成为品牌的核心竞争力：广汽传祺通过9年时间构筑了集广汽全球研发网、广汽生产方式、全球供应链体系等为一体的核心竞争体系，充分聚合全球优势资源，确保开发的产品满足市场需求，具备世界先进水平。2015年传祺零部件不良率已降至26PPM，达到国际先进水平，超过国内大多数合资品牌，这只有丰田等品牌才能做得到。

作为广汽自主创新的最新成果，广汽传祺广州工厂第二生产线（二线）于2016年7月28日正式竣工投产。二线于2015年3月29日开始建设，2016年6月12日便实现全线贯通，全程耗时仅15个月。期间，完成所有项目攻坚，并通过国家3C认证，成为传祺速度的最新体现。二线新建冲压、焊装、涂装、总装车间，扩建发动机车间等。标准产能为每年15万辆，最大产能可以达到28万辆；一线年产能为20万辆，最大年产能可达37万辆。2017年，仅广州两条生产线，传祺可实现年规划产能35万辆，最大年产能65万辆。

工业 4.0 的理念已经被率先应用于第二生产线，全面以广汽生产方式（GPS）为核心建立信息物理融合系统，运用创新思维全力发展智能制造技术，打造智能工厂，实现智能生产和智能物流，提高效率、保障质量、降低成本，满足顾客个性化需求，占据汽车制造行业制高点。与一线相比，二线总装线自动化率提升 8%，焊接线自动化率提高 10%，冲压主线和涂装面漆则基本实现 100% 自动化率，车型切换速度大幅提高，有效减轻劳动负荷，并且质量成本降低 30%。

通过广汽生产方式进行工艺优化、流程再造、生产组织方式创新，在保证品质的前提下有效降低了成本。"零部件库存减少了 70%，厂房可利用面积增加了 30%，库存资金减少 50%，质量成本降低 30%。在同等规模装备的前提下，投资成本仅相当于合资品牌的一半，其他自主品牌的 70%。"

二线充分融合"工艺更简洁，操作更简单，物流更简短"的卓越管理理念，致力成为高质量、高效率、低成本、安全环保节能的行业标杆工厂。广汽生产方式形成于一线，但成熟运用于二线。接下来，二线运用成熟的创新成果，也将反哺到第一生产线上。

通过广汽生产方式等核心体系保障，提高生产效率，充分挖掘产能，确保了传祺跨平台、跨车型、跨时间的品质一致性。广汽传祺连续三年蝉联 J.D.Power 中国新车质量中国品牌第一，2015 年与广汽丰田并列第八。

然而，传祺的第二生产线远非终点。2016 年 3 月 18 日，广汽集团发布公告，称旗下全资子公司广州汽车集团乘用车有限公司，拟收购浙江吉奥控股集团有限公司持有的广汽吉奥汽车有限公司 49% 股权，并进行后续生产改造、建设，为传祺品牌扩充产能。杭州项目预计 2017 年 10 月建成，届时，传祺将可覆盖中国经济最具活力的珠三角和长三角。

广汽传祺先是在杭州设立基地，又在新疆投建项目。2016 年 6 月 6 日，广州汽车集团乘用车有限公司与乌鲁木齐市经济技术开发区签约，广汽乘用车将投资 16 亿元在乌鲁木齐新建广汽自主品牌新疆项目。对此，吴松表示："新疆作为丝绸之路经济带核心区，是中巴经济走廊的重要枢纽，可以向西辐射中亚、西亚地区。新疆区位优势明显，既可以服务周边国家，又可以服务沿线各省市区，国内国际两个市场潜力巨大。"无疑，新疆项目将为传祺进军国际市场奠定基础，而与其他企业不一样的是，广汽传祺先于新疆签约之前，已于 2016 年 5 月注册成立了广汽传祺（新疆）销售有限公司。据悉，广汽新疆项目占地约 500 亩，按照年产 20 万辆的规模一次规划、分步实施，秉承着"市场先行，滚动发展"的原则，2020 年，广汽传祺将全面挑战年产销 100 万辆。届时，广汽传祺将形成以广州为总部，覆盖广东、浙江以及新疆的大区域，辐射全国。

3. 高端化发力：打造世界级的中国品牌

"汽车市场已经进入中国品牌时代，优秀的中国品牌正在加速崛起。相信在未来五到十年内，中国也能诞生世界级的品牌，我希望这其中就有传祺。"吴松说。

2016 年 4 月 16 日，传祺高端旗舰轿车 GA8 正式上市。GA8 是广汽传祺历时 5 年，投入巨资集成全球顶级资源和国际尖端技术，在豪华 C 级平台上倾力打造而成的高端行政商务座驾。在吴松眼中，GA8 替代奥迪 A6 指日可待，只是时间问题，"整个汽车消费生态圈已经发生了根本性的变化，消费群体不再是以前那些崇洋媚外的一代了，这是自主品牌高端突破的一个关键节点"。

"发扬长征精神""做世界第一的中国品牌"，这已经是广汽传祺的行动纲领，或者说精神支柱，GA8 是这一精神的集大成者。"GA8 的诞生是中国品牌向世界传递的一个信息，中国人完全有能力创造出高端产品，而且中国品牌有决心走向高端化。"吴松坚定地表示。中国高端汽车市场长期被外资品牌所垄断，亟须一款能够代表中国形象的高端汽车。

早在 2010 年，传祺首款车型上市前即被广州亚运会选中作为官方指定礼宾接待用车，之后成为各大高端盛会的"常客"，先后作为中国-东盟博览会、国际乒联世界巡回赛、中国国际投资贸易洽谈会（厦门）、中国汽车产业发展国际论坛（泰达论坛）等高规格国际盛会的官方指定用车接待全球贵宾。凭借中高端产品定位、世界级品质和高性价比，自成立之初，传祺的中高端形象便已经深入人心。在 GA8 上市前后受到各界高度关注，先后亮相全国两会、G20 峰会协调人会议、夏季达沃斯论坛之后，接连为国际高端会议服务。随着产能的释放，GA8 自 2016 年 4 月上市后销量稳步增长，6 月销量领跑中国品牌豪车市场。

2016 年 6 月 29 日，广汽传祺第 60 万辆整车下线，成为国内唯一以中高端产品收获 60 万车主的自主品牌。传祺产品定位中高端，每一款车都具备了高端品质基因，进而促使传祺拥有高达 36%的客户转介绍率，这为传祺成长为世界级品牌奠定了坚实的基础，同时也是中国汽车品牌持续向上发展的重要里程碑。

实际上，广汽传祺对高端战略有着一个整体化的产品规划布局，2016 年将相继推出三款高端战略车型——GA8、GS8、GM8。其中，GA8 对标奥迪 A6（已于 4 月上市），GS8 对标福特锐界（将于 10 月上市），GM8 对标丰田埃尔法。此举不仅刷新了自主品牌车企高端产品的发布纪录，也因此成为国内首个在轿车、SUV、MPV 三大细分市场最先完成豪华 C 级车完整布局的自主品牌车企。

汽车专家贾新光认为，自主品牌汽车"向上走"是必由之路，但只有掌握核心技术，推出符合市场需求的高质量产品，把握好定位，中国汽车才能在市场落地生根。

如果把广汽传祺放在中国汽车行业和合资进程中考量，她不仅是本土汽车企业的杰出代表，也是广汽集团转型升级的样本，更是中国品牌开拓市场打造世界一流企业的试验田。从成立到参与中国市场角逐，9 年来，在吴松带领下的传祺团队，先是消化吸收外来技术，再是正向研发，全面融入中国本土化实践，建立起卓越和领先的管理理念、先进的开发平台、完整的产业链流程和高效的管理机制。

按照广汽集团的规划，实现传祺品牌跨越发展将是未来的发展核心。2016年 5 月 31 日，由全国政协原常委、机械工业部部长何光远带队的中国汽车工业咨询委员会一行，在广汽集团张房有董事长陪同下走进广汽自主品牌研发生产基地，对广汽传祺工厂和广汽研究院进行调研。最终这些中国汽车行业泰斗级人物得出结论：在改革开放不到 40 年的时间，中国汽车已经走过了从"无"到"有"的历程，而广汽传祺仅仅用了不到 9 年时间，就具备带领中国汽车从"有"走向"优"的实力，这无疑给予中国汽车莫大的信心，传祺的发展值得期待！

"汽车市场已经进入中国品牌时代，优秀的中国品牌正在加速崛起。相信在未来的五到十年内，中国也能诞生三至五家世界级品牌，我希望这其中有传祺。"吴松说。

三、携程——站在旅游大产业风口蓄势待发

2016 年夏季达沃斯论坛上，国务院总理李克强指出，旅游业在成为大众创业、万众创新的大舞台，旅游消费已经成为整个社会最重要的"消费侧"。面对巨大的旅游市场前景，在线旅游 OTA 已经站在了市场的风口。

作为中国旅游业培育发展新动能的生力军，高速发展中的携程无疑成了旅游业内最佳风向标。凭借持续的"高速增长"的活力以及不断创新的能力，在 2016 年夏季达沃斯论坛上，携程当选"全球成长型公司"。

业绩上看，携程 2016 年第三季度净营收达到 56 亿元人民币，创出历史新高，住宿预订、交通，以及出境游带来的营收成为携程业绩高增长的"三驾马车"。

携程高管表示，在财报会议上预计未来酒店业务的毛营收将同比增长 70%－75%，交通服务业务毛营收将同比增长 95%－100%，旅游度假业务将增长 45%－50%。不难看出，携程正在实现营收的可持续发展，以此来不断地改善营业利润率水平。

事实上，得益于创新驱动、全产业链、全球化布局，携程正逐步成为全球在线旅游的领头羊。

过去几年，携程在产品、技术、营销、服务等各领域取得了很大的创新；在全产业链布局上，携程更是具备超前的前瞻性，在酒店住宿、机票业务取得强势地位后，逐步发力度假业务，其中最亮眼的当属出境游业务。

当前发展火热的出境旅游市场，成为携程度假业务增长的主要驱动力。

首席执行官兼董事孙洁分析称,目前,出境游业务在公司总 GMV 中的占比仍然很小,但是出境游业务在公司总 GMV 中的占比增长速度远远快于境内游业务。目前而言,出境游对携程酒店业务的贡献约为 15%-20%,对机票营收贡献有 30%,度假业务占 60%-70%;预计到 2020 年,出境游业务 GMV 将在公司总 GMV 中会占到相当大的比重。

事实上,领先的市场地位和全球化的布局已经使携程在供应商和中国游客中树立了良好的口碑。未来,携程将继续在出境游领域加强投入,让出境游成为携程愈加重要的业务版块。已经完成机票住宿等全产业链布局的携程,由于前期的基础设施布局、技术投入已经基本投入完成,未来在度假业务的增长上,其规模效应优势将逐渐显露。随着市场份额和业务量的提升,携程的边际成本将大幅缩减,盈利边际将迎来大幅攀升。

携程旅行网联合创始人、执行董事局主席梁建章就表示,如今中国旅游业正值战略、市场、技术、产业发展战略期,在这个风口之下,携程的万亿梦并不遥远,很可能成为互联网市场真正的"第四极"。

1. "互联网+旅游"

2016 年 7 月 12 日,中国互联网协会、工业和信息化部信息中心发布了 2016 互联网企业 100 强榜单,携程作为唯一一家在线旅游服务企业入选前十,其为推动进程所做努力再次获得了各方的认可。

从公开的消息看,携程在这一个月内的时间里,收获了来自业界各方的认可。6 月 25 日,世界经济论坛(达沃斯论坛)宣布携程获评 2016 年"全球成长型公司"称号,携程的发展潜力和价值为各界所看好。

那么,携程是如何在旅游行业蓬勃发展的当下,在大量资本和目光聚焦的情况下,依然保持着稳定、高效的发展节奏呢?

资本的推动让旅游行业细分领域的创新始终不断。对于携程而言,一站式旅游服务平台的本质让他的触角能够更多地涉及不同的市场环境,再借助携程强大的品牌和优质的平台,内部创新始终如火如荼并收效显著。

首席执行官兼董事孙洁就曾说过:"过去几年,携程在产品、技术、营销、服务等各领域都取得了很大的创新，这也是我们赢得市场和客户的重要原因。"创新于互联网行业的作用可见一斑。

携程的内部创新首先从 App 的打造开始，携程旅行网副总裁李阿红在互联网百强榜发布会上指出，携程旅行 App 发展至今，累计下载量已达 17 亿，单日峰值交易额超过 5 亿，有约 70% 的交易额来自无线端。

此外，从携程三季度公布的财报来看，大交通的快速发展可以说是最大的亮点，单季度交通票务营业收入为 24 亿元人民币，同比增长 101%，环比增长 21%。票务预订量的增长不仅仅来源于机票、火车票，汽车票、船票的市场潜力更是为携程所看好。

2016 年一季度，携程汽车票首度实现盈利，月度服务人次超过百万，而船票在线预订模式也正逐步走向正轨。携程在出行票务方面的创新不仅让用户受益，更让公路客运和轮渡行业看到了与"互联网+"深入结合的契机，共沐创新发展的成果。

从携程前三季度的财报数据来看，携程始终保持着"高速增长"的活力，携程住宿预订持续增长、携程交通票务收入持续保持高增速，今年第四季度的净营业收入年增长率也预计约为 70%—75%。

而携程长远的规划更是能够看到其对于未来的信心，携程预计，到 2020 年，携程整体交易额可以达到 1.2 万—1.4 万亿元，这一水平对应 2015 年的 3500 亿元，这意味着未来几年携程的年复合增长率要达到 30%。

从市场的发展来看，携程将继续享受旅游发展所带来的"红利"，数据显示，国内在线旅游渗透率还不足 20%，且中国持有护照的人数仅为 10% 左右。这意味着市场潜力巨大。同时，携程近期有针对性的发布了"非常旅游"的品牌，将加大出境游投入的承诺兑现。

携程方面认为，2015 年全年出境游人次达 1.2 亿，出境游市场的潜力巨大，对出境游市场的投入，将让更多国内旅客因此受益。

在 2016 年 3 月 25 日举行的博鳌亚洲论坛 2016 年年会"互联网的未来"分论坛上，携程旅行网联合创始人、董事局主席、首席执行官梁建章表示：互联网并不是一个全新的事物，我们的生活由于技术变化产生了很大变化。

改变我们生活的最大的技术变化之一，是越来越多的人不愿意生小孩。因为女性的劳动生产率越来越高，体力活都是由机器人做，使得女性能够为社会做出越来越大的贡献，她们的生育意愿就会减少。

2. 创新是发展的关键所在

2016 年博鳌亚洲论坛上，李克强总理在主题演讲中提出，在"亚洲新未来：新活力与新愿景"的主旨下，打造发展和合作的共同体已成为亚洲各国未来的重要发展进程。同时，李克强表示，共同激发创新活力，这是未来发展的关键所在。这样的观点，也支撑着携程等在线旅游企业在创新发展的道路上稳步迈进。

创新需要的是人才的培养，这一想法引起了梁建章的共鸣。早在 1 月底举办的"2015 十大经济年度人物"颁奖典礼上，梁建章就公开探讨过自己对于"人口与创新"之间关系的认识。他认为人口与创新之间具有规模效应，"中国这几年经济高速发展得益于它的规模效应，人口规模越大一个公司能够投入研发，能够服务于更大的市场"。

他说，携程一直支持、激励内部创新。"激励肯定很重要，但创新无论失败还是成功，都会有相应的收获，像创业公司一样，携程当然要全力以赴地动脑筋去做这样的创新。"梁建章说，"如果没有创新，也不能吸引人才留在携程。携程创新的步伐还是相对稳健，尤其是利用市场规模优势。"

实际上，创新一直是携程的基因，尤其是梁建章"二次回归"携程，进行"内部创业"后，携程更是将创新摆在了发展的第一位。从他的介绍来看，携程将创新集中在了技术、产品与客户体验三个方面。

在梁建章看来，"技术架构能不能支撑这样的业务增长，且成本可控"是考量技术创新的标准，"总体来看，在技术创新上，携程的速度还是挺快的，搜索信息还是比较全"。产品方面，他希望携程开发更多的海外产品和目的地，推一些不一定最热门，但有特色的线路。

此外，携程一直在产品与客户体验上做文章，希望能够有好的创新出现。"公司一直想在这方面做一些努力，既能有集中采购的价格，又能保持很好的体验，又能有客户的自由行。所以，推出一些半自助项目，尤其在今年，国内做得很好，国外也在尝试。有一些行程是团队的，但有很多自由活动的空间。"梁建章称，"携程会利用全国性的覆盖优势，利用公司的规模优势来改善客户体验。"

在产品创新方面，携程做出很多尝试，比如推出国内首家"定制旅游"平台，让全球专业旅游定制师为游客提供一对一服务。

如今，定制旅游越来越流行，但最大的难题是，定制没有统一的标准，各种定制服务公司提供的方案和价格也是五花八门。能否有一个专业的平台，让旅游者直接对接众多定制专家，一站式完成咨询、对比、预订？

就像 APP 打车一样，现在在一个平台上输入你的个性化旅游"需求单"，就有熟悉目的地的多个正规定制师"接单"、PK，"一对一"量身设计行程和报价，择优下单后，就可以与家人朋友独立成团享受"私人定制旅游"。

2016 年 1 月 29 日，携程旅行网宣布上线国内首个 C2B"定制旅游"平台，省去中间环节，首次让旅游者直接对接全球各大目的地数以千计的专业服务商、"定制师"，按照每个用户的个性化需求设计最优方案并提供接待服务，携程为用户提供全面的售后保障与赔付机制。

携程旅游事业部定制业务总监杨东介绍，虽然市场发展很快，但是缺乏一个专业的平台让海量的定制用户与资源高效的对接。同时，定制旅游在服务资质、产品、价格、售后保障等方面都没有规范和标准，用户决策难度很高。如何降低搜索成本快速找到满足需求的正规服务商，一站式完成比较和选择，并且获得统一的售后保障，成为定制旅游者最大的痛点。

携程定制旅游平台正是为了解决这一难题。这一平台已经在携程 APP 和官网正式登陆，主要面向常规跟团游、自由行无法满足的中高端客户，可以为最少 3 人的家庭、朋友定制旅游，当然也可以为 10 人至 1000 人规模的公司团队提供"包团"服务。该平台已经覆盖 190 余个热门目的地国家和地区，可以满足中国游客在全球的旅游需求。

业内人士认为，这意味着在线旅游巨头正式进入定制旅游的蓝海市场，携程除了提供标准化的机票、酒店、自由行、跟团游等产品，还能够"按需生产"提供个性化定制服务。

定制旅游好不好，一大关键是能否找到既懂服务又精通目的地玩法的定制专家。携程定制平台推出业内规模最大的"定制师库"，并且让定制师与目标用户直接对接。目前已经上线了 1000 多名熟悉国内外目的地的定制师，覆盖 193 个国家和地区。携程不只是把定制师搬上网，而且审核资质、精选签约、做培训、优胜劣汰，确保服务的可靠性。为了降低风险，他们都是正规旅行社的资深员工，而不是一些个体达人。携程还将建立相关的服务规范与信用体系，引导定制师专注于提供优质的定制服务。

互联网定制旅游具体怎么玩？先有需求，然后匹配定制师，再出产品，携程还独家推出"定制师 PK""多家比价"等新玩法，客户选择的余地更大。网上定制的流程很简单，旅游者先是在线提交需求单，可以提出各种个性化要求，接下来可以选择多达 3 家的定制方案，平台应用数据算法高效匹配，然后由定制师提供行程和报价给客人，"一对一"服务。同时，系统还能实现多个定制师 PK。期间有任何更改需求，旅游者都可以直接与定制师沟通。

定制旅游者此前很担心的一点是售后，网上付钱给对方之后，服务商出现问题，或者实际的服务不好怎么办？特别是定制服务方遍布全球目的地，如何维权？

携程定制旅游平台推出售后保障和"先行赔付"，确认行程后，客人将直接与携程签订合同、款项都是支付给携程，出现问题找携程解决、先行赔付。在预订和出行中，携程还提供"微管家"服务，在服务客人的同时，对服务提供者进行监管。

"为了保障客户利益，订单款项只有在游客返回后，对服务无投诉，携程才会支付给服务商。"携程相关负责人表示。

据了解，定制旅游新业务上线后用户反响热烈。订单既有几千元的国内游，也有最多 20 多万的出境游。主要是家庭、亲子、蜜月群体。春节黄金周已有不少定制旅游客户，以一家三口或者情侣为主。热门目的地主要是出境的美国、澳洲、日本、泰国等，国内的云南、海南、福建等。

携程定制业务人士分析，定制旅游在人工服务、资源采购等方面需要投入更多，比如提供专车专导游等，一般来说比常规旅游团价格高。但是综合来看性价比和满意度又是领先的。特别是在互联网平台上可以多方比价、比方案，消费者可以得到最优性价比。

2015年我国国内旅游人次超过40亿，出境旅游人次超过1.2亿。业内人士认为，只要有合适的服务方式与渠道，目前跟团或者自助游群体，相当比例都可能体验定制旅游。虽然定制旅游市场前景广阔，但高度分散的需求与资源对接匹配难度大、成本高、效率低。革命性变化是互联网的介入，携程这类定制平台实现在线和定制的结合，在海量的消费者和定制服务商、地接社之间建立直连，打破传统的"地接社—批发商—零售商—客户"体系，真正实现O2O下的C2B在线定制模式，提升运营效率、降低成本。

3. "史上最大规模"进军度假市场

"携程将牢牢抓住休闲游和出境游的发展机遇"，梁建章的这句话有了最新的注解。这一在线旅游巨头大举投入休闲度假市场。

2016年6月6日开始，携程在旅游板块实施"史上最大规模"的营销推广和价格促销，推出999元五星游为标志的"非常旅游"品牌，重金抢占9大重点客源城市、目的地"战区"。同时将支持超过10000家旅行社与门店转型互联网，在未来一年内创造100亿元的价值。

在战略投资去哪儿、艺龙，牢牢把握大交通、大住宿市场后，携程对"大旅游"板块的全面整合拉开大幕。携程认为，这是一个几年内规模可达万亿、在线渗透率可提高到50%的潜力市场。携程的目标是成为规模千亿、全球最大的旅行社与平台商。

梁建章表示，休闲度假市场最具前景但在线渗透率还比较低，大量的旅游者和旅行社没有获得互联网发展带来的好处。作为市场领导者，携程将全面加大市场投入和技术创新，让用户得到更好的产品、价格和服务，帮助和赋能旅行社接入互联网，推动整个行业提升效率。

数据显示，2015年我国2万多家旅行社，交易规模4000多亿元，在线渗透率不到20%，远远低于机票、酒店。为了吸引旅游者从门店到网上，OTA

不惜投入巨资。

携程旅游划定 10 大城市成为主要战场，预计每个重点城市的营销广告、产品补贴等投入将达到亿级。根据人口规模、收入消费水平和在携程的预订数据，全国圈定"新一线"城市，包括成都、杭州、武汉、重庆、南京等，重要性仅次于北上广深。

与旅行社 O2O 合作也是投入的重要部分，携程将开放平台，连接海量的旅行社门店、销售服务人员和产品资源，去各地培训引导门店人员在 APP 开店，并给予补贴。预计全国将有 1 万家以上的门店加入合作。

目前携程旅游特别是占主体的出境游业务，一半的收入来自于携程自营产品，另一半则是由供应商获得。预计携程一年可以为旅行社带来百亿规模的利好。

"携程全国性的旅行社电商平台已经搭建好，传统旅行社也做好准备迎接旅游 O2O。旅游者经过市场洗礼，也越来越认可真正优质的度假产品。因此，大规模市场营销的时机已经到来。"携程旅游事业部 CMO 施聿崆解释说，携程已经做好准备，大规模高效率提供高性价比的优质旅游服务。

我国拥有全球规模最大的国内游、出境游市场，但国内人均旅游消费不到美国十分之一。中国持有护照的人数还未到 10%。梁建章认为，中国人均国民生产总值不断增长、居民收入日益提高，休闲旅游业是中国最有发展前景的行业之一，作为唯一保持盈利的在线领导者，携程将加大投入抓住这一历史机遇。

在 2015 年全年财报发布后，携程更新了在 2020 年年底前所希望达到的目标，将原本全年总交易额 7000 亿元人民币的数字，提升至了 1.2 万亿元至 1.4 万亿元之间，这不仅显示了携程对中国旅游行业长期发展向好的信心，也同时反映了携程对于自己团队执行力的认可。

四、农产品电商让"酒香再不怕巷子深"

互联网带来的改变，不仅是在养殖业，也不只是产业的上游。特别是在激活大市场上，互联网更有作为。2016 年中央经济工作会议上，"农业供给侧结构性改革"概念首次提出。

无论是猪联网,还是农业职业经理人、农产品电商,究其本质,就是农业的现代化和信息化。而正是因为农业逐步向现代化和信息化发展,才会带动起新的理念、新的模式,激活新的市场。同理,以这些为代表的新经济,正在带动农业走向效率更高、信息更透明、领域更宽广的未来。

近年来,我国农产品产量持续增长,粮棉油、果菜鱼等大宗农产品总量均居世界首位,人均占有量超过世界平均水平,但国际农产品市场竞争加剧,大而不强、多而不优、竞争力弱等问题日益凸显。持续夯实现代农业基础,提高农业质量效益和竞争力,必须大力推进农业现代化,着力强化物质装备和技术支撑,着力构建现代农业产业体系、生产体系、经营体系,一二三产业融合发展,让农业成为充满希望的朝阳产业。

2016年年初发布的中央一号文件,题为《关于落实发展新理念加快农业现代化实现全面小康目标的若干意见》。这是自2014年以来,连续三年将"农业现代化"写入文件标题。深入推进农业供给侧改革更确定为今后农业工作的方向。

可见,当前,我国农业正迫切需要通过落实新理念,加快推进农业现代化,从根本上提升竞争力,破解农业农村发展面临的各种难题,迸发出强大的活力。

那么,何为农业现代化?农业现代化将激活哪些新潜力,改善哪些老问题?

首先,农业现代化体现在供给侧结构性改革上,聚焦在结构和效益上。比如,近年来我国粮食连年增产,供求总量基本平衡,但结构性矛盾问题也十分突出。玉米出现阶段性供过于求,大豆缺口逐年扩大,优质饲草供应不足,有效供给不能适应需求变化。

推进种植业结构调整,适当调减非优势区粮食生产,调减出的耕地将根据市场需求和农牧发展需要,因地制宜地发展青贮玉米、饲草、杂粮杂豆等作物。

同样,还体现在树立大食物观上。面向整个国土资源,全方位、多途径开发食物资源，满足日益多元化的食物消费需求。比如，越来越多的马铃薯馒头、马铃薯面条等产品将端上人民群众餐桌等，将开拓更多的潜力市场。

其次，农业现代化还体现在绿色发展上。我国农业发展取得巨大成就的同时，也付出了资源环境代价，出现耕地质量下降、地下水超采、农业面源污染加重等问题，资源与环境的紧箍咒越绷越紧。

推动农业可持续发展，必须确立发展绿色农业就是保护生态的观念，加快形成资源利用高效、生态系统稳定、产地环境良好、产品质量安全的农业发展新格局。

中国农业大学农民问题研究所所长朱启臻认为，要加快改变农业开发强度过大、利用方式粗放的状况，放弃"高投入、高产出"的掠夺经营方式，大力发展循环农业，采用休耕、轮作、种植结构调整等措施修复农业生态环境。

第三，农业现代化也要补齐"短板"。我国农村基础设施依然薄弱，重建设轻管护；农村基本公共服务难以适应当下农民需求，重硬件轻软件；农村环境存在脏、乱、差现象，重眼前轻规划；农村老龄化、空心化严重，推进市民化过程中重"面子"轻"里子"。特别是农村仍存在大量贫困人口，亟待脱贫致富。

问题就是机遇。推进基础设施、推动公共服务、整治环境、实施脱贫攻坚工程，在解决问题的途中，也将迎来"柳暗花明又一村"的机会。

第四，农业现代化更体现在"产业融合"上。充分发挥农村的独特优势，深度挖掘农业的多种功能，培育壮大农村新产业新业态，也让农村成为可以大有作为的广阔天地。

中国社科院农村所研究员李国祥认为，在农业转型发展过程中，推进农业的产业化经营，促进"接二（产）连三（产）"是一个重要方向。比如农村第三产业发展也被寄予厚望。我国休闲农业近年来已经进入发展快车道，2015年休闲农业吸引游客11亿人次，受益农民达3300万人。

比如农业和互联网的融合，农产品电商等，都将给农业带来新的方向。

2016年上半年，农业部、发展改革委、中央网信办、科技部、商务部、质检总局、食品药品监管总局、林业局 8 部门联合印发了《"互联网+"现代农业三年行动实施方案》。方案提出，到 2018 年，农业在线化、数据化取得明显进展，管理高效化和服务便捷化基本实现，生产智能化和经营网络化迈上新台阶，城乡"数字鸿沟"进一步缩小，大众创业、万众创新的良好局面基本形成，有力支撑农业现代化水平明显提升。

根据方案提出的主要任务，在生产方面，重点突出种植业、林业、畜牧业、渔业，强调农产品质量安全；在经营方面，重点推进农业电子商务；在管理方面，重点推进以大数据为核心的数据资源共享开放、支撑决策，着力点在互联网技术运用，全面提升政务信息能力和水平；在服务方面，重点强调以互联网运用推进涉农信息综合服务，加快推进信息进村入户；在农业农村方面，加强新型职业农民培育、新农村建设，大力推动网络、物流等基础设施建设。

为保障重点任务有效完成，方案还提出了农业物联网试验示范工程、农业电子商务示范工程、信息进村入户工程、农机精准作业示范工程、测土配方施肥手机服务工程、农业信息经济综合示范区等 6 项重大工程。

未来，互联网这个"+"号，还将给这个传统产业带来几何般的增长空间。

五、军民融合也是一种新经济

2015 年 3 月，习近平总书记在出席十二届全国人大三次会议解放军代表团全体会议时强调，把军民融合发展上升为国家战略，开创强军新局面，加快形成全要素、多领域、高效益的军民融合深度发展格局。

·如果问中国工业的动能从哪里来，答案一定是创新。而作为国之重器的军工行业，不仅掌握着丰富的尖端科技，也有成熟的技术孵化产业链。特别是近年来，军民融合的步伐加大。

军民融合主要分为两层含义，一是"军转民"，就是军事技术在民间的使用；二是"民参军"，即民营主体参与军工市场。

工信部副部长许达哲说，军民融合是从国家安全和发展战略全局出发做出的重大决策。特别是在经济社会发展方面，军民融合也是挖掘经济潜力，提振经济的抓手。在满足涉军需要的前提下，军品核心能力反哺民用领域，先进的民用建设能力也同样借鉴到军工生产中，既有助于军工产业做大做强，又有助于推动制造业转型和整个国家创新能力提升。

军民融合在发达国家已有范例。美国建立的国防科技工业体系即是"军民融合"的一个典型。美国国会的一份研究报告显示，军民融合给美国国防部每年节约300亿美元，相当于其采办费总额的20%以上。

国防大学国防经济研究中心发布的《中国军民融合发展报告2014》显示，我国的军民融合度在30%左右。这标志着我国的军民融合正处于由发展初期向中期迈进的阶段，正处于由初步融合向深度融合推进的阶段。

军民融合重在技术，旨在产业。

近年来，军用技术转化民用，成果显著。数据显示，在2011年、2012年工信部编制的"民转军"技术目录中，有118项技术成果在近700家企业得到转化应用，签订合同1300多项，总金额约160亿元。

随着军民融合推进，听上去"高大上"的军工正逐步走下"神坛"，揭开面纱，不仅拓宽了产业发展空间，还拉近了与百姓的距离。比如，大家熟悉的互联网、行车导航，我们监测天气所用的雷达，都是由军工产品演变应运而生的。

近日，高层楼宇灭火系统获得国家消防产品鉴定证书，取得了"投弹式高层建筑干粉消防车"的产品资质，标志这一最新消防产品可以正式投产进入市场装备部队，高层、超高层建筑消防有了"撒手锏"装备。该产品由中国航天科工二院206所研制，是一种利用航天发射技术、控制技术和信息处理技术，针对现代城市环境条件下高层、超高层建筑物或其他危险场所应急救援的特种消防装备，填补了我国高层、超高层建筑消防外部救援装备领域的技术和装备空白，该产品利用高效安全灭火剂布撒、低特征"绿色"发射、复合探测、高精度灭火弹投送、导弹发射控制等技术，将载有高效灭火剂的灭火弹快速、精确、安全、可靠地投送至火灾区域，通过发射灭火弹的方式，将灭火药剂远距离精确投送至火场压制火势，是航天军用技术转为民用的一次成功应用。2013 年该产品的成功研制曾在业界和社会上引起巨大反响，被誉为"导弹灭火"神器。

产品研制成功后，206 所针对用户需求和消防领域特点，对产品性能进行优化，成功实现由技术到产品的蜕变。多次与消防系统用户单位进行沟通，将产品送到一线消防部队进行操作演练，实现与用户的实物应用对接。参加北京市首届消防嘉年华、亮相警用装备展，获得广泛好评。在北京市反恐防暴综合演练中，该产品作为高科技装备"压轴"出场，其发射的灭火弹全部精确命中目标，成功扑灭楼宇火灾，验证了产品的灭火效能。

有电子国家队之称的中国电子信息产业集团，将军用技术应用到城市安防领域，也开辟了新的途径。

2011 年，中国电子所属中国电子进出口总公司承建了厄瓜多尔的国家安全指挥控制系统（ECU911）。这个以穿越赤道而闻名的国家，当时的治安状况在拉美地区仅排第 16 位。

ECU911 把中国的安防领域优势技术进行集成，打造成一个统一协调的系统，并且整合了厄瓜多尔政府交通、消防、医疗、内政、警察等 7 个职能部门的资源，实现一线警察或消防员携带的手持对讲机与政府官员座机的互联互通。

ECU911 包括 16 个中心，由 20 多个分系统组成，配备的数千个摄像头、一键报警设备等装置覆盖厄瓜多尔全境。系统投入使用以来，该国犯罪率大幅下降 24%，在拉美地区"治安榜"跃升至第 4 位。特别是厄瓜多尔 7.8 级强震后，该系统作为应急指挥中心发挥了关键作用，确保受灾信息及时汇总，提高了救援效率。

除了厄瓜多尔，中国电子目前与委内瑞拉签署的合同已开始执行，在特立尼达和多巴哥共和国的项目也基本建成，还与玻利维亚等国新签订单。此外，先后在秘鲁、智利、阿根廷、巴西等国家建立驻外机构。

在中国电子进出口总公司总经理曲惠民看来，现在已到了中国电子信息技术输出的大好时期，特别是向互补性最强、诉求最为迫切的非洲、拉美地区。

军工可转民用的技术和项目并不止这些，从飞机、船舶、电子信息到软件、信息系统、新材料等，几乎涵盖各个领域。一项技术托起一个产业，随着军民融合深度发展，一批军用技术逐步应用于民用领域，正在助力我国企业打破一些领域关键核心技术"受制于人"的局面。

在 2015 年在北京举办的国防科技工业军民融合发展成果展上，航天科工集团展区，一辆外形酷似平板车的全向移动装备，在工程人员遥控下，平稳实现纵向、横向和任意方向的平移、转动以及二者运动的任意组合，颇为引人注目。

由于能实现任意方向移动，全向移动装备在车间、机场等场所可进行物流转运或大部件对接。"核心是此前一直由西方国家掌握的麦克拉姆轮技术。"航天科工三院 8359 所所长葛令民介绍说，这项技术原本用于军用飞机部件对接安装，军民融合促使这些技术走向商用市场。

无独有偶，获得国防科技工业军民融合发展技术创新奖的 3000 马力大功率液力变速器技术同样源于军用技术。3000 马力大功率液力变速器，是目前世界上功率最大的双变一体行星式液力变速器，主要应用于油田及页岩气开采装备。这项在火箭液体发动机淘汰技术基础上研制成功的创新技术，打破了国外在油气田领域的技术限制和封锁，在曾经由国外产品 100% 垄断的大功率液力变速器市场，目前凯星液力的市场份额已达到近四成。

类似案例不胜枚举。在航天科技集团，利用航天推进剂燃烧技术转化开发的航天粉煤加压气化技术，广泛应用于化工产品、化肥生产等领域；利用液体火箭推进剂输送等技术转化开发的长输管线输油泵，实现高端装备国产化替代进口，打破国际垄断，取得 17 项国家专利，已在中石化"昆明—大理""南宁—北海"多条输油管线上得到应用。

不仅如此，一些军用总体技术也被应用于城市领域。在武汉，由航天科工二院牵头的我国第一个智慧城市建设项目总体规划与设计任务已经完成。航天科工智慧产业发展有限公司总经理周翔告诉记者，航天科工已与 50 多个城市建立智慧城市建设合作关系，签订一批智慧城市及应用领域项目。

可以预见，随着军民融合深度发展，类似打破国外技术垄断的中国技术将层出不穷。

技术的互联互通不仅可以以"军"带"民",更能以"民"促"军"。事实上,一些小而精的民企,凭借对市场的灵敏嗅觉,对新业态的灵活转型,正在为军工发展添砖加瓦,补上短板。

此前,珠海云洲智能科技有限公司发布了"领航者"号通用化海洋高速无人船平台,可在海上自主航行,并通过搭载不同高性能设备,应用于环保监测、水下测绘等领域,填补国内空白,目前正在对接军工央企和科研院所等,以求应用到更广泛领域。

总部位于深圳的中国无人机研发企业大疆创新公司正在国际市场上掀起一股强大旋风,这家发展不到10年的中国民营企业开辟了民用无人机的市场,被比作无人机领域的"苹果公司"。

多家市场研究机构认为,大疆在全球民用无人机市场的占有率接近七成。根据路透社近期的一份调查,在美国共 129 家已获得批准使用无人机的公司中,有 61 家采用的是大疆的产品,占比达到 47%;在另外 695 家等待获批的企业中,有超过 400 家采用的是大疆无人机。

大疆产品不仅为普通家庭用户所喜爱,也以较低成本应用在更多的领域和行业。除了最常见的航拍、影视拍摄和新闻报道,还有搜索救援、执法、防火、电力巡线、环保科研等行业。

不久前,大疆在纽约、伦敦和慕尼黑同时发布了其"精灵"系列民用无人机的第三代产品。"精灵"是第一款在世界范围内获得巨大成功的一体化消费级无人机。目前这家企业已成为全球民用无人机领域无可争议的领军者。

近年来,民企参与军品合同额持续增长,引导"民参军"初现端倪。工信部还和国防科工局联合印发 2016 年度"军转民"目录和"民参军"目录,发布约 160 项军转民项目和约 155 项"民参军"技术产品信息。

军民融合,除了技术上和产业上的融合,还表现在资本上的融合。

政府资金主导,多元化筹资渠道成为资本融合主要方式。近年来,中船重工、中航工业、中国电科等军工央企扩大军工开放,从多个层面与外部企业、社会资本合作,拓展了军民深度融合渠道。

以中船重工为例,旗下上市公司中国重工择机注入了大连造船厂集团有限公司和武昌造船厂集团有限公司,开创了国内军工重大装备总装业务资产证券化的先河,拓宽了社会资本参与国防建设的渠道。

不少军工企业负责人认为,未来国内军工产业通过资本市场实现产融结合潜力巨大。

事实上,借力资本市场,实现军工企业的资产证券化已成为各方共识。国防科技工业企业协会常务副会长石金武强调,军民融合深度发展,为吸引民营资本促进军工民用产品生产规模提升铺平道路。

"军工企业资产证券化、引入民营资本等难题在新一轮国企改革的时代大背景下,有望迎刃而解。"他认为,军民融合深度发展使军工行业最有希望成为因国企改革和军民融合而迎来大发展的行业。

对于如何做好军工证券化,要完善资产证券化现行法律法规,制订军工资产证券化指导文件,充分体现军民融合,同时要规范和建立军工资产证券化审核流程、认可标准。

由于军工企业大多属于国有独资,产权结构单一,因此积极推进股份制改造,实现投资主体多元化显得尤为重要。专家建议,以军工资产证券化为基础,加速军工资产的集中。军工资产集中可以缓解军工产能的分散、过剩,提高军工企业的规模化效益、专业化水平以及国际竞争力。以上市公司为平台,通过军工资产证券化,推动军、民技术的双向转移,推动军工资产的优化配置。

六、新经济,激活起"双创"新活力

1. "我闲置的牛,你来耕地","分享经济"走向风口

每天早晨上班前,打开手机分享私家车,为顺路的人提供顺风车,也挣回了一路的油费;饭点到了,做好饭,按个按钮,在共享平台上,也能给更多的人送去美味佳肴……互联网的兴起,让每个人深度参与其中,"既是生产者,也是消费者"的经济新模式,不仅极大提高了生产生活效率,也激活了每个人的创造热情,为经济发展注入不竭动力。

　　"我闲置的牛，你来耕地"，在五中全会公报和"十三五"规划建议中首次提出的"分享经济"，正在走向风口，改变着传统的经济模式。

　　"分享经济"是指资源所有者将自己闲置的资源拿出来，供那些需要的人有偿使用。这是在互联网技术发展的大背景下诞生的一种全新商业模式，从当下发展来看，多出现于第三产业。

　　在国外，具有代表性的分享经济模式是 Uber 和 Airbnb，前者提供出行车辆服务，后者提供旅游租房服务。截至目前，Uber 已覆盖全球 60 个国家和地区的 310 个城市，估值超过 500 亿美元，成为全球估值最高的非上市公司。而 Airbnb 旗下拥有的租住房间也远超国际酒店巨头希尔顿。

　　在国内，类似的案例也不胜枚举。

　　一位妈妈把童车、婴儿衣物等用不到的东西转让给社区里的另一位妈妈；大学生们在交换课本和考研资料的同时，也把自己积累的学习经验传给"学弟学妹"；喜欢某一类数码产品的发烧友们凑在一起互通有无……根据阿里巴巴旗下闲置交易平台闲鱼公布的数据，在不到两年的时间里，该平台上已成交闲置交易物品达 1.7 亿件。

　　这些"闲鱼"们火爆的背后是创新分享经济的潜力。

　　在出行领域，分享经济更是如火如荼。比如网络约车。

　　2010 年 5 月，周航和汤鹏创办了易到用车，成为互联网专车行业的开创者之一。"随叫随到、私人专车、专业服务、按时计费"，把私家车接入互联网平台，从一定程度上解决了城市打车难、公共交通压力大的问题，也把闲置的车利用起来，带动了创业增收。

　　以北京为例，有统计显示，北京出租车约 6 万多辆，而在 2014 年，北京私人汽车达 437.2 万辆，其中轿车 316.5 万辆，私车日均闲置 23 小时。在大城市交通接近饱和的状态下，大量发展增量汽车无疑不利于交通发展和问题的解决，而通过"共享"，不仅可以提高车辆的利用率，控制汽车增量，还可以让更多人不用买车也能享受到汽车的便捷。

　　除了传统燃油汽车的共享，新能源汽车的共享模式也备受关注。其中，分时租赁成为新能源汽车的一种全新共享模式。当下消费者对新能源汽车的担忧主要存在于充电不方便及续驶里程短等方面，若通过分时租赁的形式，这些问题均可得到有效解决。有统计显示，在分时租赁模式下，电动汽车的使用率可以提升 2 至 3 倍，但使用成本仅是传统汽车的 20%。由于是短时间租赁，一直困扰消费者的电动汽车"里程焦虑"也就不成问题了。

在易到 CEO 周航看来，分享经济的精髓在于"匹配、分发、共享"，利用技术手段实现科学匹配、精准分发，最终实现优质资源的共享，用最小的成本解决用户乃至社会的痛点问题。比如互联网模式下的顺风车，节约了道路资源和能源消耗，又极大降低了消费者的用车成本，对于平台、使用者、出让者、社会都是多赢的结局，而一旦普及，第三方的保险、服务机构也将获益，这也是为何"分享经济"受到追捧的原因。目前易到每日的订单量已经突破 70 万，预计 6 月底将会提前完成百万订单的目标。

同样，分享经济平台"回家吃饭"联合创始人谈婧对此深有感触。之前在金融机构工作的谈婧为了能够减少在外用餐，曾想过请公司附近小区的退休大妈每天给自己做饭。去年，她辞去工作加入分享私厨的创业公司"回家吃饭"，让有和自己相同想法的很多人实现了愿望。

"这个平台让全职太太和退休的大爷大妈通过跟别人分享自己的厨艺获得收入，每天做 10 单饭菜，一月净收入能达到三四千元。"谈婧说，我国创新的互联网模式就在于中国有大量的闲置厨房资源、白领用餐需求及较为集中的住宅楼宇分布，这在全球来看都是发展分享经济的沃土。

分享经济时代的来临和趋前发展，正在重塑我们的消费。新的出行、住宿、娱乐……在带来全新体验的同时，也在不断解构和颠覆传统商业逻辑，营建崭新的产业生态，为经济带来鲜活动能。顺势而为，可有大作为。网约车的迅猛发展，正是这一形态的重要体现和注脚。

在我国，分享经济正依托 6 亿多手机网民规模快速壮大，出行、住宿、办公空间、医疗等各个传统领域的闲置资源，被高效、灵活、精准的网络平台"盘活"。腾讯研究院发布的《中国分享经济全景解读报告》显示，2015 年中国分享经济规模约为 1644 亿美元，我国分享经济正处于发展的黄金时期。

不少专家学者认为，中国在新经济、新业态领域实现了从技术、模式到市场的"领跑突围"。围绕分享经济业态的颠覆性创新也逐步领先国际。

"我国分享经济模式下也涌现了大批创新创业企业，席卷十大主流行业，超过 32 个子领域，颠覆性创新原有的商业形态。"腾讯研究院资深专家张孝荣说，2014 年到 2015 年我国分享经济企业出现井喷式爆发，新增分享经济企业数量同比增长 3 倍，出现 16 家估值超过 10 亿美元的分享经济"独角兽"企业。

据《中国分享经济发展报告 2016》显示，2015 年中国分享经济市场规模约为 19560 亿元，预计未来 5 年分享经济年均增速在 40%左右，到 2020 年分享经济规模占 GDP 比重将达到 10%以上。未来 10 年中国分享经济领域有望出现 5 至 10 家巨无霸平台型企业。

专家认为，与传统经济中企业作为生产者不同，分享经济中的个体既可能是生产者也可能是消费者，使得生产者和消费者之间互动更加频繁，社会协作更加灵活，呈现 N 次方的乘数效应。

在浙江嘉兴经营一家小型贸易加工厂的王振波因为加入阿里巴巴"淘工厂"，将生产的空档期分享出去，为小型网店加工贸易，订单很快应接不暇。"这在外贸低迷、成本上升的背景下，真是帮了我们大忙。"

"分享经济的核心就是高频次、高效利用一种资产。"阿里研究院院长高红冰指出，分享经济涉及三个层次，一是私人资源再利用；二是公共资源深度开发；三是信息基础设施的共享，比如云网、物流、金融等基础设施的互联。分享经济不仅是在做加法，更是在做乘法，通过对闲置资源的充分利用，形成新的增长点，为经济注入强劲动力。

然而，和任何新兴的业态一样，前景广阔的分享经济正在中国步入行业规范自律关键时期。

"目前来看，分享经济更多地还是集中在大众消费和服务领域，但未来最大的亮点可能会出现在生产领域。生产能力的分享将对未来经济产生根本性的影响。"国家信息中心信息化研究部主任张新红说，后续行业健康发展一方面需要包容性政策创新，另一方面更需要行业的创新自律。

作为一种创新，共享经济不仅是一种新的经济形态，还是一种新的价值观念。基于此，陌生人之间的互不信任，成为影响分享经济发展的障碍。

腾讯研究院发布的《中国分享经济风潮全景解读报告》指出，如何保障消费者权益，是分享经济的核心挑战。报告显示，39.9%的受访者对拼车服务的安全有所顾虑；在私厨服务领域，69.1%的受访者表示不信任陌生人，18.9%受访者担心食品安全。

"如果分享经济是大势所趋，那么我们需要创造超越工业时代标准化的新体验，倡导一种共享经济的新文明。"专家认为，分享出行体验的核心关键是"信任"，比拼的是服务。这也是分享经济亟需完善的地方，即通过完善监管制度等多方面措施，建立一个信任的平台，提供更好的服务。

分享经济在中国的健康成长，既需要相关商业平台自我完善，也离不开政府的科学监管。同时要厘清政府与市场关系，政府"有形之手"须用得恰到好处。

专家认为，分享经济的本质还是交易，商业平台有义务要设置出一个合理的交易规则和安全的交易环境，参与分享经济的商业平台要强化自我建设，不能把什么都交给政府来监管。

途家联合创始人、CEO 罗军则认为，政府不能什么都不做，而应该通过切实的行动推进分享经济健康发展。政府可为商业平台之间的竞争制定商业规则，确保行业内部的良性竞争。尤其在破除准入壁垒、建立安全标准和建立信用体系等方面，规则应予以特别强调。这样商业规则和良性竞争就会建立起来，最终受益的是用户。

2. 跨境电商，让"买全球""卖全球"成为可能

仓库里，分拣、包装、验收马不停蹄，仓库外，载满礼盒的卡车整装待发，将跨境包裹速递给全国各地消费者。在郑州河南保税物流中心，这样火热场景时刻发生。和郑州一样，杭州、广州、重庆等跨境电商试点城市均是以保税区的模式进行进出口业务操作。而这里，也成为电商观察"买全球""卖全球"的窗口。

在这里，企业赚了，产业活了，服务多了。日益火爆的跨境电商催生了

贸易新模式和增长点，为"买全球""卖全球"开辟了新路径，给当前经济发展注入新动力。

"海外产品从入库到出库只需 24 小时，配送给消费者不超 3 天，以前则要半个月。"聚美优品河南运营中心主任兰镇告诉记者，快速配送使聚美海外业务大幅攀升。"我们刚追加两万多平方米的仓库，用于盛放日本海淘的纸尿裤等产品。"兰镇说。

聚美优品创始人陈欧说，跨境电商的两个关键要素是"快"和"便宜"。"尽快满足消费者需求，同时要有和免税店媲美的价格。"他认为这两点现在都能实现。

首先是快。在郑州保税区，通过多种措施减过关程序，确保跨境包裹尽快递出。以海关为例，加强企业备货和事后查验审核力度，而在产品入库出库阶段缩短流程，既保证了电商时效，又实现监管严丝合缝。此外，国检也在建立绿色通道的同时加强信息监控，做到又好又快。

其次是便宜。保税区实行的是行邮税，降低企业缴税比例，也在仓储物流等方面尽量压缩企业成本。"跨境电商这个新玩意儿要求我们不能以传统的模式做，制度、监管、服务都要结合互联网特点。"河南保税物流中心总经理徐平说。

跨境电商的火爆让"买全球"成了当下最潮的事。在郑州、杭州、上海等试点城市，跨境电商交易大幅上升。在我国传统贸易增速减缓的背景下，以跨境电商为代表的新型贸易近年来发展加快，并将成为带动外贸增长的新引擎。

以广州为例，2016 年一季度广州市跨境电子商务进出口总值为 26.7 亿元人民币，同比增长 2.3 倍。其中，进口 9.7 亿元，增长 2.7 倍；出口 17.1 亿元，增长 2.1 倍。广州市商务委提出，要将广州跨境电商综试区打造成为全国跨境电子商务中心城市和发展高地。就全国而言，2016 年一季度，全国一共有 28 个城市开展跨境电商进出口业务。其中，进出口规模超过 1 亿元的有 8 个城市，全国跨境电商进出口总值 88.5 亿元。

商务部预测，2016 年，我国跨境电商进出口总额将增长至 6.5 万亿元。

随着"互联网+"时代的来临，跨境电商已经站到了资本市场的风口上。在国家政策的支持下，跨境电商的发展将迎来史无前例的融资环境，是培育经济增长全新引擎的又一着力点。在我国出口贸易增速减缓的背景下，以跨境电商为代表的新型贸易近年来的发展脚步正在逐渐加快，并有望成为对冲出口增速下台阶的利器。

跨境电商不仅提振了外贸，还通过"买全球"给产业发展做加法。

国务院发展研究中心研究员来有为说，跨境电商使海外仓前移、金融结算前移，将境外消费带回境内。同时还带动相关产业发展，实现"互联网+"的作用。

看上去以消费为主的"买全球"如何带火相关产业？我们来算一笔账。

"对企业来说，保税区降低缴税比例，对政府来说，又将过去灰色渠道无法征税的部分补上。"徐平说。在郑州保税区，每个包裹平均实现 24 元税收，2 元包装，2 元物流，26 元每平方米每月的仓库收益，带动 5 个就业。试点至今，带动周边酒店食宿等实现了大发展。

中通快递河南区负责人张要仁介绍，目前中通每天在郑州保税区接单超 5 万，占河南业务的 30%，人手从过去的 100 余人增加到 600 余人。"'买全球'也倒逼我们改革。"张要仁说，中通在保税区设立绿色快递通道，实现经途不落地，2 至 3 天就能运到全国各地。

"有人说'买全球'对制造业冲击，我认为这样想有些狭隘。"在徐平看来，"买全球"是用更符合市场规律的方法，打通国际国内优胜劣汰，倒逼产业转型。

徐平的观点得到不少专家的认同。"'买全球'可以激发行业创新和反思，将关注点放在研究市场、提升产品价值上，而不是一味价格战。"中国纺织工业联合会会长王天凯说。

专家认为，从某种程度上说，"买全球"也为"卖全球"做铺垫。一是助推市场健全，二是通过进口的优惠和平台等来争取出口合作，打通国际市场。

如上所说，跨境电商对经济发展带来的正向作用，不仅在提振外卖本身，还对整个产业链有着激励和倒逼。作为一个新生事物，与一般贸易相比，跨境电商需要一个逐步认知的过程，也需要政策的引导和鼓励。如何处理好与传统贸易的关系，如何最大限度地发挥多米诺骨牌效应，需要在实践中不断地探索与研究。

最近一段时间，从进口税收政策出台到正面清单升级再到过渡期政策的出台以及近期的通关单延缓一年执行，跨境电商进口新政一系列调整成为各界关注的焦点。

有专家表示，跨境电商税改政策出台以来，一直处于不断调整和完善的过程中，这也表明跨境电商政策具有一定的弹性，根据行业发展的需要不断修正。新的税制改革，不管国内还是国外进口税制改革并不是寒冬，而是进入规模化、机制化、快速成长的通道，对于跨境电商来说是一个成熟的标志。

事实上，此次备受关注的税改仅涉及跨境电商的进口环节而且是 B2C 的部分，这仅仅是跨境电商一系列政策的一部分。2016 年以来，相关政策利好不断释放，2016 年首次国务院常务会议就点题"跨境电商"。会议决定，继杭州之后，在天津、上海、重庆等 12 个城市新设一批跨境电子商务综合试验区，用新模式为外贸发展提供新支撑。记者了解到，接下来，针对跨境电商的政策还将不断加码。

2016 年上半年，国家发改委发布了关于推动电子商务发展有关工作的通知。通知指出，为切实发挥电子商务对促进经济增长和产业转型升级的作用，加快培育经济发展新动力，国家发改委、商务部、人民银行、海关总署、税务总局、工商总局、质检总局将启动第三批电子商务示范城市创建工作，并组织实施国家电子商务示范城市电子商务重大工程。

商务部部长助理王炳南表示，在促进跨境电商发展方面，将在杭州等 13 个跨境电商综合试验区加大政策创新、制度创新和服务创新的力度，将可复制的经验做法尽快在全国推广。

目前跨境电商占外贸进出口的比重大约是 17%，其中 90% 都是 B2B 模式，跨境零售部分只占外贸进出口的 3% 左右。不过，因为缺少税收、支付、物流等配套的支撑，目前国内还没有完善的 B2B 平台，更多的平台只是充当信息媒介不涉及物流等环节，可以说还在试验阶段。

专家认为，如果经过跨境电商综合试验区的探索，能够解决当前没有税收配套政策、缺少支付体系以及国际物流支撑的问题，那么就可以起到提振市场信心，激发外贸活力，以及带动外贸增长的效果。

跨境电商和一般贸易二者之间，除了竞争关系，还存在互补关系和互生关系。以进口为例，随着收入水平的提高，消费者品质消费、品牌意识不断增强，使得消费呈现出个性化和多样化的发展趋势。但一般贸易方式下的大进大出多是大众品牌，难以满足个性化的需求。跨境电商有利于企业捕捉市场新变化，引领外贸向更加符合消费模式的方向转型，也为企业尤其是中小企业打开了另一条通向国际市场的通道。

跨境电商带动了消费升级产业转型，但要引领"买全球""卖全球"，做好互联网这个"+"号，还有几步要走。

首先是在鼓励基础上做好规范。鼓励意味着进一步简政放权，让活力释放。以保税区为例，"目前一些政策只适用境内企业，而跨境电商是全球化的，应放宽企业属地限制。"徐平说。国务院常务会议也提出，放宽电子商务市场主体住所（经营场所）登记条件，放开外商投资电子商务业务外方持股比例限制等。

同时也需加强联动，运用信息化手段提高效率。郑州海关驻出口加工区办事处主任蓝磊说，建议将海关、税务、国检等多个部门接入，在流程中认可统一的数据，满足跨境电商对于速度和时效的较高要求。

"规范"则要求经营环境公平、企业权责分明、政府监管到位。保税区火了，但电商企业却没有赚得盆满钵满。这是因为与区内的透明监管相比，不少的海外代购游走于灰色地带，规避税收，甚至假货横行，使得保税区内跨境电商没有价格优势，劣币驱逐良币。

和一般贸易相比，跨境电商进口，特别是出口在税收上优势并不明显。比如出口"不退反征"政策，跨境电商小批量、多品种的采购模式难以提供所有商品的增值税发票等都需要完善。

另外在权责分配和监管方面，也要界定和加强。商务部研究院国际市场部副主任白明建议，加强法规标准和信用体系建设，尽快完善网上交易投诉和维权机制，实现交易数据透明可追溯，保护消费者权益。

最后，在"买全球"上做出尝试的企业，是否同样做好了"卖全球"的准备？如何让产品得到国际市场认可，在监管完善前提下打通和缩短出关流程，对接国际物流等服务，都需要企业、行业乃至政府思考。加速推动"卖全球"，还有一段路要走。

3. 新经济带火"双创"热

经济发展的出发点和立足点从来都是人。新经济也一样，其火热的发展态势不仅激发起大众创业万众创新的热情，也通过调动每个人的潜能，汇聚起经济发展的新动力。

如果不是互联网，唐岩也许还在湖南娄底生活。一次不经意的网上聊天，使他萌生了创业的冲动。于是，他成了一名"北漂"。

"刚到北京，听着'京片子'，看着不熟悉的地名，有一种强烈的自卑感。"唐岩说，隔膜激发灵感，他产生了利用互联网帮助人们消除城市陌生感的想法。此后，一种基于地理社交的软件陌陌创立了，并在美国成功上市。由《财富》杂志评选的 2014 年"全球 40 位 40 岁以下的商界精英"排行榜中，唐岩成为唯一的中国上榜者。

和唐岩一样，创业者们凭着敏锐的市场嗅觉和新奇的商业创意，为社会创造出很多惊喜，也改变着创业者的命运：母婴海淘起步，激发年轻妈妈刘楠创建母婴电商平台——蜜芽宝贝，也开启跨境电商新增长；智能无人船设计，让电子科技爱好者张云飞赢得市场先机，填补了国内技术空白……

"当我看到 30 岁的聚美优品创始人陈欧站在时代广场，作为纽交所史上最年轻的中国公司 CEO 敲钟上市时，那种对未来的期待和激动远超过资产账面上的回报。"在知名天使投资人王强看来，创业创新是一种可以凭借梦想、能力再加点运气就可能成功的机会，它不仅创造财富，更是机会的公平。

当前，越来越多的人抛开传统的"金饭碗"，通过创新和奋斗，在市场上兑现着自己的才华和梦想。数据显示，2016 年一季度，全国新登记市场主体保持了较快增长势头。其中新设企业 106.3 万户，同比增长 25.9%，平均每天新登记 1.17 万户；企业注册资本总额 8.4 万亿元，增长 72.9%。新登记企业的产业结构不断优化。一季度第三产业新登记企业 86.2 万户，同比增长 27.4%，占新登记企业总数的八成以上，比重比上年同期提高 0.9 个百分点。信息传输、软件和信息技术服务业、文化、体育和娱乐业、教育业等新登记企业增长均超过三成。

真格基金创始人、知名天使投资人徐小平认为，大众创业、万众创新把实现梦想、创造价值和社会主流价值观结合起来，这种镌刻着奋斗、拼搏的价值观正改变着当今中国，带来的影响极为深远。

每个人的改变汇聚起来，就是整个社会和国家的改变。从一定程度上，双创是基于我国经济进入新常态的发展需求，是探索建设创新型国家的一条新路径，通过双创产生更多"铺天盖地"的创新，与"顶天立地"的科技突破相辅相成，构成有系统、多层次的国家创新体系。更重要的是，在双创中会产生很多新业态、新产业、新模式，并使传统的服务业领域被大大拓展，新的经济增长点不断涌现，这样积少汇多，积小汇聚，双创就会逐渐成为调整经济结构的重要依托。

我国有 13 亿多人口、9 亿多劳动力，如果把这其中蕴藏的无穷智慧和创造力再次激发出来将会发生重大改变。中国的市场潜力巨大，即使一个细分的边缘市场都可以支撑成千上万个企业发展。加之多年形成的完备工业体系，有了创意、设想、创新技术，实现产品化、规模化非常容易，也更加快捷。

在新经济的带动下，创业蔚然成风。相辅相成的是，创业创新的破土成长，更在不断拓展新兴行业，加快孕育新产业、新业态和新主体。

1.5 米长的智能无人船在河道上前行，将漂浮垃圾"吃"进肚里。目前，这些无人船正在我国 13 个省份发挥水质自动采样、应急监测、海洋探测等功能。它的发明者，是来自广东的"80 后"张云飞和他的创业团队。

无人船行业在国内的发展处于起步阶段，张云飞的"云洲科技"团队不仅填补国内技术空白，而且正与军工央企和科研院所对接，计划将这些技术应用到更广泛领域，带来更大商机。

曾在多家互联网公司打工的"技术男"万勇，如今成为家政服务软件"阿姨帮"的创始人。

"用互联网帮住户找好阿姨,帮阿姨们挣钱。"简单的想法撬动了巨大的市场需求,带动了不少就业。近两年里,万勇先后获得两轮数千万美元融资,签约阿姨近 400 人,业务覆盖 12 座城市,日均订单 6000 份。

只要看到了市场需求,或者有技术突破的能力,就会诞生一批新生企业和新兴产业。在"互联网+"大潮中,电子商务、互联网医疗、交通互联等新业态出现了井喷式发展,形成了创新创业的丛林。过去的一些工业大企业也从封闭式创新转向开源创新、平台创新,过去的内部研发人员利用大企业平台,既自己创业,又为大企业提供源源不断的新创意、新技术,实现了共赢。众包、众扶、众创、众筹等创新方式也迅速发展,一些新兴的创新载体如淘宝村、电商平台、众创空间、新型孵化器、转化基地等也大量涌现。

当每个人都在思考如何创新时,巨大的市场将被开启,中国经济将迸发出难以想象的活力。当前,创业创新成为最现实、最长远的发展之道和惠民之策。工信部数据显示,约 60% 的经济总量由中小企业创造,70% 的专利由中小企业提供,80% 的就业靠中小企业带动。这些来自创业者的新点子、新创意将以点石成金般的神奇"魔力",汇聚起中国经济新一轮推动力。

在成就个人梦想,助推经济发展的同时,创业创新,也在书写着更为宏大的中国梦,承载着国家未来发展的新希望。

工信部部长苗圩认为,新经济将会催生一场"新工业革命"。具体来讲,突出体现在四个方面:

(1)智能制造成为制造业变革的核心。德国工业 4.0、美国工业互联网、新工业法国等都将智能制造作为抢新一轮产业竞争制高点的关键选项。所谓智能制造,我们理解包括智能化的产品、装备、生产、管理和服务,主要载体是智能工厂和智能车间。CPS(信息物理系统)是实现智能制造的重要手段,这一系统通过集成计算、通信与控制于一体,实现大型物理系统与信息交互系统的实时感知和动态控制,使得人、机、物真正融合在一起。智能制造可以实现传统制造业无法实现的目标,最典型的就是批量化个性定制生产。

(2)从发展模式看,绿色化、服务化日渐成为制造业转型发展新趋势。

欧美的"绿色供应链""低碳革命"、日本的"零排放"等新的产品设计和生产理念不断兴起，节能环保、再制造等产业链不断完善，绿色制造、增材制造日益普及，制造业绿色发展的内涵和方式得到极大丰富。服务化转型方面，随着互联网等新一代信息技术的广泛应用，企业生产加快从传统的以产品制造为核心向提供具有丰富内涵的产品和服务转变，服务型制造、生产性服务业快速发展。

（3）从创新方式看，网络协同创新将重构传统的制造业创新体系。传统的创新活动中，新技术新产品的推出很大程度上依赖于单个企业的技术研发和产业化等活动。今天网络化的众包、众创、众筹、线上到线下（O2O）等新型创新方式密集涌现，改变制造业技术研发和商业模式创新的方式。

（4）从组织方式看，内部组织扁平化和资源配置全球化成为制造企业培育竞争优势的新途径。内部管理方面，很多企业运用互联网开放、协作与分享的特点，减少了内部层级结构，企业的生产组织更富有柔性和创造性。外部资源配置方面，制造业全球化步伐加快，生产和流通方式、贸易领域发生了巨大变化，企业通过网络将价值链与生产过程分解到不同国家和地区，技术研发、生产以及销售的多地区协作日趋加强。

"十三五"时期是我国工业提质增效、由大变强的关键期。要在创新引领下，加快发展新型制造业。特别是强化高端引领，提高我国高端装备的创新能力、核心技术和关键零部件、产品可靠性、基础配套能力等。同时加快发展智能制造。以实现重大产品和成套装备的智能化为突破口，以推广普及智能工厂为切入点，加快提升制造业产品、装备及生产、管理、服务的智能化水平。这其中，标准制定是关键。

另外，全面推进绿色制造和服务型制造。围绕产品全生命周期，以重大工程、项目为牵引，通过构建绿色制造体系，来推动绿色产品、绿色工厂、绿色园区和绿色供应链的全面发展。引导企业围绕创新设计、供应链管理、网络化协同制造、全生命周期服务、总集成总承包服务、融资租赁业务、智能服务新模式等，延伸服务链条、促进服务增值，实现生产型制造向生产服务型制造转变。以此全面提升工业基础能力，推动传统产业改造升级。

当前，几乎所有的创业都指向世界最新技术、最潮业态。"中国制造2025"的很多思路，也源于创业者的创新与开拓。很多已经站在商业和技术前沿的精英创业者，放弃短期效益，琢磨自己能为未来社会做些什么。这些代表"诗和远方"的创新，也正在吸引着更多资金的进入。截至2016年2月5日，在新三板上市的公司有5687家，总市值约2.57万亿元。2015年上半年众筹行业成交额逾50亿元，超过2014年的两倍。包括真格基金在内的很多投资机构，都有相当一部分比例的投资是面向未来市场的。

中国经济的未来将在这一代创业者身上。在完成追赶后，如何引领世界经济发展，抢占国际竞争制高点，一代代创业者有责任，也必然会承担起这种历史使命。这些创业者的不懈努力和奋斗，提升着我国在国际产业分工和价值链分工中的核心竞争力。可以相信，随着中国经济的升级，一代"创客"的奋斗形象将成为创新中国、智慧经济的重要标识。

附录1：中共中央 国务院印发《国家创新驱动发展战略纲要》

党的十八大提出实施创新驱动发展战略，强调科技创新是提高社会生产力和综合国力的战略支撑，必须摆在国家发展全局的核心位置。这是中央在新的发展阶段确立的立足全局、面向全球、聚焦关键、带动整体的国家重大发展战略。为加快实施这一战略，特制定本纲要。

一、战略背景

创新驱动就是创新成为引领发展的第一动力，科技创新与制度创新、管理创新、商业模式创新、业态创新和文化创新相结合，推动发展方式向依靠持续的知识积累、技术进步和劳动力素质提升转变，促进经济向形态更高级、分工更精细、结构更合理的阶段演进。

创新驱动是国家命运所系。国家力量的核心支撑是科技创新能力。创新强则国运昌，创新弱则国运殆。我国近代落后挨打的重要原因是与历次科技革命失之交臂，导致科技弱、国力弱。实现中华民族伟大复兴的中国梦，必须真正用好科学技术这个最高意义上的革命力量和有力杠杆。

创新驱动是世界大势所趋。全球新一轮科技革命、产业变革和军事变革加速演进，科学探索从微观到宇观各个尺度上向纵深拓展，以智能、绿色、泛在为特征的群体性技术革命将引发国际产业分工重大调整，颠覆性技术不断涌现，正在重塑世界竞争格局、改变国家力量对比，创新驱动成为许多国家谋求竞争优势的核心战略。我国既面临赶超跨越的难得历史机遇，也面临差距拉大的严峻挑战。唯有勇立世界科技创新潮头，才能赢得发展主动权，为人类文明进步做出更大贡献。

创新驱动是发展形势所迫。我国经济发展进入新常态，传统发展动力不断减弱，粗放型增长方式难以为继。必须依靠创新驱动打造发展新引擎，培育新的经济增长点，持续提升我国经济发展的质量和效益，开辟我国发展的新空间，实现经济保持中高速增长和产业迈向中高端水平"双目标"。

当前，我国创新驱动发展已具备发力加速的基础。经过多年努力，科技发展正在进入由量的增长向质的提升的跃升期，科研体系日益完备，人才队伍不断壮大，科学、技术、工程、产业的自主创新能力快速提升。经济转型升级、民生持续改善和国防现代化建设对创新提出了巨大需求。庞大的市场规模、完备的产业体系、多样化的消费需求与互联网时代创新效率的提升相结合，为创新提供了广阔空间。中国特色社会主义制度能够有效结合集中力量办大事和市场配置资源的优势，为实现创新驱动发展提供了根本保障。

同时也要看到，我国许多产业仍处于全球价值链的中低端，一些关键核心技术受制于人，发达国家在科学前沿和高技术领域仍然占据明显领先优势，我国支撑产业升级、引领未来发展的科学技术储备亟待加强。适应创新驱动的体制机制亟待建立健全，企业创新动力不足，创新体系整体效能不高，经济发展尚未真正转到依靠创新的轨道。科技人才队伍大而不强，领军人才和高技能人才缺乏，创新型企业家群体亟须发展壮大。激励创新的市场环境和社会氛围仍需进一步培育和优化。

在我国加快推进社会主义现代化、实现"两个一百年"奋斗目标和中华民族伟大复兴中国梦的关键阶段，必须始终坚持抓创新就是抓发展、谋创新就是谋未来，让创新成为国家意志和全社会的共同行动，走出一条从人才强、科技强到产业强、经济强、国家强的发展新路径，为我国未来十几年乃至更长时间创造一个新的增长周期。

二、战略要求

（一）指导思想

以邓小平理论、"三个代表"重要思想、科学发展观为指导，深入贯彻习近平总书记系列重要讲话精神，按照"四个全面"战略布局的要求，坚持走中国特色自主创新道路，解放思想、开放包容，把创新驱动发展作为国家的优先战略，以科技创新为核心带动全面创新，以体制机制改革激发创新活力，以高效率的创新体系支撑高水平的创新型国家建设，推动经济社会发展动力根本转换，为实现中华民族伟大复兴的中国梦提供强大动力。

（二）基本原则

紧扣发展。坚持问题导向，面向世界科技前沿、面向国家重大需求、面向国民经济主战场，明确我国创新发展的主攻方向，在关键领域尽快实现突破，力争形成更多竞争优势。

深化改革。坚持科技体制改革和经济社会领域改革同步发力，强化科技与经济对接，遵循社会主义市场经济规律和科技创新规律，破除一切制约创新的思想障碍和制度藩篱，构建支撑创新驱动发展的良好环境。

强化激励。坚持创新驱动实质是人才驱动，落实以人为本，尊重创新创造的价值，激发各类人才的积极性和创造性，加快汇聚一支规模宏大、结构合理、素质优良的创新型人才队伍。

扩大开放。坚持以全球视野谋划和推动创新，最大限度用好全球创新资源，全面提升我国在全球创新格局中的位势，力争成为若干重要领域的引领者和重要规则制定的参与者。

（三）战略目标

分三步走：

第一步，到 2020 年进入创新型国家行列，基本建成中国特色国家创新体系，有力支撑全面建成小康社会目标的实现。

——创新型经济格局初步形成。若干重点产业进入全球价值链中高端，成长起一批具有国际竞争力的创新型企业和产业集群。科技进步贡献率提高到60%以上，知识密集型服务业增加值占国内生产总值的20%。

——自主创新能力大幅提升。形成面向未来发展、迎接科技革命、促进产业变革的创新布局，突破制约经济社会发展和国家安全的一系列重大瓶颈问题，初步扭转关键核心技术长期受制于人的被动局面，在若干战略必争领域形成独特优势，为国家繁荣发展提供战略储备、拓展战略空间。研究与试验发展（R&D）经费支出占国内生产总值比重达到 2.5%。

——创新体系协同高效。科技与经济融合更加顺畅，创新主体充满活力，创新链条有机衔接，创新治理更加科学，创新效率大幅提高。

——创新环境更加优化。激励创新的政策法规更加健全，知识产权保护更加严格，形成崇尚创新创业、勇于创新创业、激励创新创业的价值导向和文化氛围。

第二步，到 2030 年跻身创新型国家前列，发展驱动力实现根本转换，经济社会发展水平和国际竞争力大幅提升，为建成经济强国和共同富裕社会奠定坚实基础。

——主要产业进入全球价值链中高端。不断创造新技术和新产品、新模式和新业态、新需求和新市场，实现更可持续的发展、更高质量的就业、更高水平的收入、更高品质的生活。

——总体上扭转科技创新以跟踪为主的局面。在若干战略领域由并行走向领跑，形成引领全球学术发展的中国学派，产出对世界科技发展和人类文明进步有重要影响的原创成果。攻克制约国防科技的主要瓶颈问题。研究与试验发展（R&D）经费支出占国内生产总值比重达到 2.8%。

——国家创新体系更加完备。实现科技与经济深度融合、相互促进。

——创新文化氛围浓厚，法治保障有力，全社会形成创新活力竞相迸发、创新源泉不断涌流的生动局面。

第三步，到 2050 年建成世界科技创新强国，成为世界主要科学中心和创新高地，为我国建成富强民主文明和谐的社会主义现代化国家、实现中华民族伟大复兴的中国梦提供强大支撑。

——科技和人才成为国力强盛最重要的战略资源，创新成为政策制定和制度安排的核心因素。

——劳动生产率、社会生产力提高主要依靠科技进步和全面创新，经济发展质量高、能源资源消耗低、产业核心竞争力强。国防科技达到世界领先水平。

——拥有一批世界一流的科研机构、研究型大学和创新型企业，涌现出一批重大原创性科学成果和国际顶尖水平的科学大师，成为全球高端人才创新创业的重要聚集地。

——创新的制度环境、市场环境和文化环境更加优化，尊重知识、崇尚创新、保护产权、包容多元成为全社会的共同理念和价值导向。

三、战略部署

实现创新驱动是一个系统性的变革，要按照"坚持双轮驱动、构建一个体系、推动六大转变"进行布局，构建新的发展动力系统。

双轮驱动就是科技创新和体制机制创新两个轮子相互协调、持续发力。抓创新首先要抓科技创新，补短板首先要补科技创新的短板。科学发现对技术进步有决定性的引领作用，技术进步有力推动发现科学规律。要明确支撑发展的方向和重点，加强科学探索和技术攻关，形成持续创新的系统能力。体制机制创新要调整一切不适应创新驱动发展的生产关系，统筹推进科技、经济和政府治理等三方面体制机制改革，最大限度释放创新活力。

一个体系就是建设国家创新体系。要建设各类创新主体协同互动和创新要素顺畅流动、高效配置的生态系统，形成创新驱动发展的实践载体、制度安排和环境保障。明确企业、科研院所、高校、社会组织等各类创新主体功能定位，构建开放高效的创新网络，建设军民融合的国防科技协同创新平台；改进创新治理，进一步明确政府和市场分工，构建统筹配置创新资源的机制；完善激励创新的政策体系、保护创新的法律制度，构建鼓励创新的社会环境，激发全社会创新活力。

六大转变就是发展方式从以规模扩张为主导的粗放式增长向以质量效益为主导的可持续发展转变；发展要素从传统要素主导发展向创新要素主导发展转变；产业分工从价值链中低端向价值链中高端转变；创新能力从"跟踪、并行、领跑"并存、"跟踪"为主向"并行"、"领跑"为主转变；资源配置从以研发环节为主向产业链、创新链、资金链统筹配置转变；创新群体从以科技人员的小众为主向小众与大众创新创业互动转变。

四、战略任务

紧紧围绕经济竞争力提升的核心关键、社会发展的紧迫需求、国家安全的重大挑战，采取差异化策略和非对称路径，强化重点领域和关键环节的任务部署。

（一）推动产业技术体系创新，创造发展新优势

加快工业化和信息化深度融合，把数字化、网络化、智能化、绿色化作为提升产业竞争力的技术基点，推进各领域新兴技术跨界创新，构建结构合理、先进管用、开放兼容、自主可控、具有国际竞争力的现代产业技术体系，以技术的群体性突破支撑引领新兴产业集群发展，推进产业质量升级。

1．发展新一代信息网络技术，增强经济社会发展的信息化基础。加强类人智能、自然交互与虚拟现实、微电子与光电子等技术研究，推动宽带移动互联网、云计算、物联网、大数据、高性能计算、移动智能终端等技术研发和综合应用，加大集成电路、工业控制等自主软硬件产品和网络安全技术攻关和推广力度，为我国经济转型升级和维护国家网络安全提供保障。

2．发展智能绿色制造技术，推动制造业向价值链高端攀升。重塑制造业的技术体系、生产模式、产业形态和价值链，推动制造业由大到强转变。发展智能制造装备等技术，加快网络化制造技术、云计算、大数据等在制造业中的深度应用，推动制造业向自动化、智能化、服务化转变。对传统制造业全面进行绿色改造，由粗放型制造向集约型制造转变。加强产业技术基础能力和试验平台建设，提升基础材料、基础零部件、基础工艺、基础软件等共性关键技术水平。发展大飞机、航空发动机、核电、高铁、海洋工程装备和高技术船舶、特高压输变电等高端装备和产品。

3．发展生态绿色高效安全的现代农业技术，确保粮食安全、食品安全。以实现种业自主为核心，转变农业发展方式，突破人多地少水缺的瓶颈约束，走产出高效、产品安全、资源节约、环境友好的现代农业发展道路。系统加强动植物育种和高端农业装备研发，大面积推广粮食丰产、中低产田改造等

技术，深入开展节水农业、循环农业、有机农业和生物肥料等技术研发，开发标准化、规模化的现代养殖技术，促进农业提质增效和可持续发展。推广农业面源污染和重金属污染防治的低成本技术和模式，发展全产业链食品安全保障技术、质量安全控制技术和安全溯源技术，建设安全环境、清洁生产、生态储运全覆盖的食品安全技术体系。推动农业向一二三产业融合，实现向全链条增值和品牌化发展转型。

4. 发展安全清洁高效的现代能源技术，推动能源生产和消费革命。以优化能源结构、提升能源利用效率为重点，推动能源应用向清洁、低碳转型。突破煤炭石油天然气等化石能源的清洁高效利用技术瓶颈，开发深海深地等复杂条件下的油气矿产资源勘探开采技术，开展页岩气等非常规油气勘探开发综合技术示范。加快核能、太阳能、风能、生物质能等清洁能源和新能源技术开发、装备研制及大规模应用，攻克大规模供需互动、储能和并网关键技术。推广节能新技术和节能新产品，加快钢铁、石化、建材、有色金属等高耗能行业的节能技术改造，推动新能源汽车、智能电网等技术的研发应用。

5. 发展资源高效利用和生态环保技术，建设资源节约型和环境友好型社会。采用系统化的技术方案和产业化路径，发展污染治理和资源循环利用的技术与产业。建立大气重污染天气预警分析技术体系，发展高精度监控预测技术。建立现代水资源综合利用体系，开展地球深部矿产资源勘探开发与综合利用，发展绿色再制造和资源循环利用产业，建立城镇生活垃圾资源化利用、再生资源回收利用、工业固体废物综合利用等技术体系。完善环境技术管理体系，加强水、大气和土壤污染防治及危险废物处理处置、环境检测与环境应急技术研发应用，提高环境承载能力。

6. 发展海洋和空间先进适用技术，培育海洋经济和空间经济。开发海洋资源高效可持续利用适用技术，加快发展海洋工程装备，构建立体同步的海洋观测体系，推进我国海洋战略实施和蓝色经济发展。大力提升空间进入、利用的技术能力，完善空间基础设施，推进卫星遥感、卫星通信、导航和位置服务等技术开发应用，完善卫星应用创新链和产业链。

7. 发展智慧城市和数字社会技术，推动以人为本的新型城镇化。依靠新技术和管理创新支撑新型城镇化、现代城市发展和公共服务，创新社会治理方法和手段，加快社会治安综合治理信息化进程，推进平安中国建设。发展交通、电力、通信、地下管网等市政基础设施的标准化、数字化、智能化技术，推动绿色建筑、智慧城市、生态城市等领域关键技术大规模应用。加强重大灾害、公共安全等应急避险领域重大技术和产品攻关。

8．发展先进有效、安全便捷的健康技术，应对重大疾病和人口老龄化挑战。促进生命科学、中西医药、生物工程等多领域技术融合，提升重大疾病防控、公共卫生、生殖健康等技术保障能力。研发创新药物、新型疫苗、先进医疗装备和生物治疗技术。推进中华传统医药现代化。促进组学和健康医疗大数据研究，发展精准医学，研发遗传基因和慢性病易感基因筛查技术，提高心脑血管疾病、恶性肿瘤、慢性呼吸性疾病、糖尿病等重大疾病的诊疗技术水平。开发数字化医疗、远程医疗技术，推进预防、医疗、康复、保健、养老等社会服务网络化、定制化，发展一体化健康服务新模式，显著提高人口健康保障能力，有力支撑健康中国建设。

9．发展支撑商业模式创新的现代服务技术，驱动经济形态高级化。以新一代信息和网络技术为支撑，积极发展现代服务业技术基础设施，拓展数字消费、电子商务、现代物流、互联网金融、网络教育等新兴服务业，促进技术创新和商业模式创新融合。加快推进工业设计、文化创意和相关产业融合发展，提升我国重点产业的创新设计能力。

10．发展引领产业变革的颠覆性技术，不断催生新产业、创造新就业。高度关注可能引起现有投资、人才、技术、产业、规则"归零"的颠覆性技术，前瞻布局新兴产业前沿技术研发，力争实现"弯道超车"。开发移动互联技术、量子信息技术、空天技术，推动增材制造装备、智能机器人、无人驾驶汽车等发展，重视基因组、干细胞、合成生物、再生医学等技术对生命科学、生物育种、工业生物领域的深刻影响，开发氢能、燃料电池等新一代能源技术，发挥纳米、石墨烯等技术对新材料产业发展的引领作用。

（二）强化原始创新，增强源头供给

坚持国家战略需求和科学探索目标相结合，加强对关系全局的科学问题研究部署，增强原始创新能力，提升我国科学发现、技术发明和产品产业创新的整体水平，支撑产业变革和保障国家安全。

1．加强面向国家战略需求的基础前沿和高技术研究。围绕涉及长远发展和国家安全的"卡脖子"问题，加强基础研究前瞻布局，加大对空间、海洋、网络、核、材料、能源、信息、生命等领域重大基础研究和战略高技术攻关力度，实现关键核心技术安全、自主、可控。明确阶段性目标，集成跨学科、跨领域的优势力量，加快重点突破，为产业技术进步积累原创资源。

2．大力支持自由探索的基础研究。面向科学前沿加强原始创新，力争在更多领域引领世界科学研究方向，提升我国对人类科学探索的贡献。围绕支撑重大技术突破，推进变革性研究，在新思想、新发现、新知识、新原理、新方法上积极进取，强化源头储备。促进学科均衡协调发展，加强学科交叉与融合，重视支持一批非共识项目，培育新兴学科和特色学科。

3．建设一批支撑高水平创新的基础设施和平台。适应大科学时代创新活动的特点，针对国家重大战略需求，建设一批具有国际水平、突出学科交叉和协同创新的国家实验室。加快建设大型共用实验装置、数据资源、生物资源、知识和专利信息服务等科技基础条件平台。研发高端科研仪器设备，提高科研装备自给水平。建设超算中心和云计算平台等数字化基础设施，形成基于大数据的先进信息网络支撑体系。

（三）优化区域创新布局，打造区域经济增长极

聚焦国家区域发展战略，以创新要素的集聚与流动促进产业合理分工，推动区域创新能力和竞争力整体提升。

1．构建各具特色的区域创新发展格局。东部地区注重提高原始创新和集成创新能力，全面加快向创新驱动发展转型，培育具有国际竞争力的产业集群和区域经济。中西部地区走差异化和跨越式发展道路，柔性汇聚创新资源，加快先进适用技术推广和应用，在重点领域实现创新牵引，培育壮大区域特色经济和新兴产业。

2．跨区域整合创新资源。构建跨区域创新网络，推动区域间共同设计创新议题、互联互通创新要素、联合组织技术攻关。提升京津冀、长江经济

带等国家战略区域科技创新能力，打造区域协同创新共同体，统筹和引领区域一体化发展。推动北京、上海等优势地区建成具有全球影响力的科技创新中心。

3．打造区域创新示范引领高地。优化国家自主创新示范区布局，推进国家高新区按照发展高科技、培育新产业的方向转型升级，开展区域全面创新改革试验，建设创新型省份和创新型城市，培育新兴产业发展增长极，增强创新发展的辐射带动功能。

（四）深化军民融合，促进创新互动

按照军民融合发展战略总体要求，发挥国防科技创新重要作用，加快建立健全军民融合的创新体系，形成全要素、多领域、高效益的军民科技深度融合发展新格局。

1．健全宏观统筹机制。遵循经济建设和国防建设的规律，构建统一领导、需求对接、资源共享的军民融合管理体制，统筹协调军民科技战略规划、方针政策、资源条件、成果应用，推动军民科技协调发展、平衡发展、兼容发展。

2．开展军民协同创新。建立军民融合重大科研任务形成机制，从基础研究到关键技术研发、集成应用等创新链一体化设计，构建军民共用技术项目联合论证和实施模式，建立产学研相结合的军民科技创新体系。

3．推进军民科技基础要素融合。推进军民基础共性技术一体化、基础原材料和零部件通用化。推进海洋、太空、网络等新型领域军民融合深度发展。开展军民通用标准制定和整合，推动军民标准双向转化，促进军民标准体系融合。统筹军民共用重大科研基地和基础设施建设，推动双向开放、信息交互、资源共享。

4．促进军民技术双向转移转化。推动先进民用技术在军事领域的应用，健全国防知识产权制度、完善国防知识产权归属与利益分配机制，积极引导国防科技成果加速向民用领域转化应用。放宽国防科技领域市场准入，扩大军品研发和服务市场的开放竞争，引导优势民营企业进入军品科研生产和维修领域。完善军民两用物项和技术进出口管制机制。

（五）壮大创新主体，引领创新发展

明确各类创新主体在创新链不同环节的功能定位，激发主体活力，系统提升各类主体创新能力，夯实创新发展的基础。

1. 培育世界一流创新型企业。鼓励行业领军企业构建高水平研发机构，形成完善的研发组织体系，集聚高端创新人才。引导领军企业联合中小企业和科研单位系统布局创新链，提供产业技术创新整体解决方案。培育一批核心技术能力突出、集成创新能力强、引领重要产业发展的创新型企业，力争有一批企业进入全球百强创新型企业。

2. 建设世界一流大学和一流学科。加快中国特色现代大学制度建设，深入推进管、办、评分离，扩大学校办学自主权，完善学校内部治理结构。引导大学加强基础研究和追求学术卓越，组建跨学科、综合交叉的科研团队，形成一批优势学科集群和高水平科技创新基地，建立创新能力评估基础上的绩效拨款制度，系统提升人才培养、学科建设、科技研发三位一体创新水平。增强原始创新能力和服务经济社会发展能力，推动一批高水平大学和学科进入世界一流行列或前列。

3. 建设世界一流科研院所。明晰科研院所功能定位，增强在基础前沿和行业共性关键技术研发中的骨干引领作用。健全现代科研院所制度，形成符合创新规律、体现领域特色、实施分类管理的法人治理结构。围绕国家重大任务，有效整合优势科研资源，建设综合性、高水平的国际化科技创新基地，在若干优势领域形成一批具有鲜明特色的世界级科学研究中心。

4. 发展面向市场的新型研发机构。围绕区域性、行业性重大技术需求，实行多元化投资、多样化模式、市场化运作，发展多种形式的先进技术研发、成果转化和产业孵化机构。

5. 构建专业化技术转移服务体系。发展研发设计、中试熟化、创业孵化、检验检测认证、知识产权等各类科技服务。完善全国技术交易市场体系，发展规范化、专业化、市场化、网络化的技术和知识产权交易平台。科研院所和高校建立专业化技术转移机构和职业化技术转移人才队伍，畅通技术转移通道。

（六）实施重大科技项目和工程，实现重点跨越

在关系国家安全和长远发展的重点领域，部署一批重大科技项目和工程。

面向 2020 年，继续加快实施已部署的国家科技重大专项，聚焦目标、突出重点，攻克高端通用芯片、高档数控机床、集成电路装备、宽带移动通信、油气田、核电站、水污染治理、转基因生物新品种、新药创制、传染病防治等方面的关键核心技术，形成若干战略性技术和战略性产品，培育新兴产业。

面向 2030 年，坚持有所为有所不为，尽快启动航空发动机及燃气轮机重大项目，在量子通信、信息网络、智能制造和机器人、深空深海探测、重点新材料和新能源、脑科学、健康医疗等领域，充分论证，把准方向，明确重点，再部署一批体现国家战略意图的重大科技项目和工程。

面向 2020 年的重大专项与面向 2030 年的重大科技项目和工程，形成梯次接续的系统布局，并根据国际科技发展的新进展和我国经济社会发展的新需求，及时进行滚动调整和优化。要发挥社会主义市场经济条件下的新型举国体制优势，集中力量，协同攻关，持久发力，久久为功，加快突破重大核心技术，开发重大战略性产品，在国家战略优先领域率先实现跨越。

（七）建设高水平人才队伍，筑牢创新根基

加快建设科技创新领军人才和高技能人才队伍。围绕重要学科领域和创新方向造就一批世界水平的科学家、科技领军人才、工程师和高水平创新团队，注重培养一线创新人才和青年科技人才，对青年人才开辟特殊支持渠道，支持高校、科研院所、企业面向全球招聘人才。倡导崇尚技能、精益求精的职业精神，在各行各业大规模培养高级技师、技术工人等高技能人才。优化人才成长环境，实施更加积极的创新创业人才激励和吸引政策，推行科技成果处置收益和股权期权激励制度，让各类主体、不同岗位的创新人才都能在科技成果产业化过程中得到合理回报。

发挥企业家在创新创业中的重要作用，大力倡导企业家精神，树立创新光荣、创新致富的社会导向，依法保护企业家的创新收益和财产权，培养造就一大批勇于创新、敢于冒险的创新型企业家，建设专业化、市场化、国际化的职业经理人队伍。

推动教育创新，改革人才培养模式，把科学精神、创新思维、创造能力和社会责任感的培养贯穿教育全过程。完善高端创新人才和产业技能人才"二元支撑"的人才培养体系，加强普通教育与职业教育衔接。

（八）推动创新创业，激发全社会创造活力

建设和完善创新创业载体，发展创客经济，形成大众创业、万众创新的生动局面。

1. 发展众创空间。依托移动互联网、大数据、云计算等现代信息技术，发展新型创业服务模式，建立一批低成本、便利化、开放式众创空间和虚拟创新社区，建设多种形式的孵化机构，构建"孵化+创投"的创业模式，为创业者提供工作空间、网络空间、社交空间、共享空间，降低大众参与创新创业的成本和门槛。

2. 孵化培育创新型小微企业。适应小型化、智能化、专业化的产业组织新特征，推动分布式、网络化的创新，鼓励企业开展商业模式创新，引导社会资本参与建设面向小微企业的社会化技术创新公共服务平台，推动小微企业向"专精特新"发展，让大批创新活力旺盛的小微企业不断涌现。

3. 鼓励人人创新。推动创客文化进学校，设立创新创业课程，开展品牌性创客活动，鼓励学生动手、实践、创业。支持企业员工参与工艺改进和产品设计，鼓励一切有益的微创新、微创业和小发明、小改进，将奇思妙想、创新创意转化为实实在在的创业活动。

五、战略保障

实施创新驱动发展战略，必须从体制改革、环境营造、资源投入、扩大开放等方面加大保障力度。

（一）改革创新治理体系

顺应创新主体多元、活动多样、路径多变的新趋势，推动政府管理创新，形成多元参与、协同高效的创新治理格局。

建立国家高层次创新决策咨询机制，定期向党中央、国务院报告国内外科技创新动态，提出重大政策建议。转变政府创新管理职能，合理定位政府和市场功能。强化政府战略规划、政策制定、环境营造、公共服务、监督评估和重大任务实施等职能。对于竞争性的新技术、新产品、新业态开发，应交由市场和企业来决定。建立创新治理的社会参与机制，发挥各类行业协会、基金会、科技社团等在推动创新驱动发展中的作用。

合理确定中央各部门功能性分工，发挥行业主管部门在创新需求凝炼、任务组织实施、成果推广应用等方面的作用。科学划分中央和地方科技管理事权，中央政府职能侧重全局性、基础性、长远性工作，地方政府职能侧重推动技术开发和转化应用。

构建国家科技管理基础制度。再造科技计划管理体系，改进和优化国家科技计划管理流程，建设国家科技计划管理信息系统，构建覆盖全过程的监督和评估制度。完善国家科技报告制度，建立国家重大科研基础设施和科技基础条件平台开放共享制度，推动科技资源向各类创新主体开放。建立国家创新调查制度，引导各地树立创新发展导向。

（二）多渠道增加创新投入

切实加大对基础性、战略性和公益性研究稳定支持力度，完善稳定支持和竞争性支持相协调的机制。改革中央财政科技计划和资金管理，提高资金使用效益。完善激励企业研发的普惠性政策，引导企业成为技术创新投入主体。

探索建立符合中国国情、适合科技创业企业发展的金融服务模式。鼓励银行业金融机构创新金融产品，拓展多层次资本市场支持创新的功能，积极发展天使投资，壮大创业投资规模，运用互联网金融支持创新。充分发挥科技成果转化、中小企业创新、新兴产业培育等方面基金的作用，引导带动社会资本投入创新。

（三）全方位推进开放创新

抓住全球创新资源加速流动和我国经济地位上升的历史机遇，提高我国全球配置创新资源能力。支持企业面向全球布局创新网络，鼓励建立海外研发中心，按照国际规则并购、合资、参股国外创新型企业和研发机构，提高海外知识产权运营能力。以卫星、高铁、核能、超级计算机等为重点，推动我国先进技术和装备走出去。鼓励外商投资战略性新兴产业、高新技术产业、现代服务业，支持跨国公司在中国设立研发中心，实现引资、引智、引技相结合。

深入参与全球科技创新治理，主动设置全球性创新议题，积极参与重大国际科技合作规则制定，共同应对粮食安全、能源安全、环境污染、气候变化以及公共卫生等全球性挑战。丰富和深化创新对话，围绕落实"一带一路"战略构想和亚太互联互通蓝图，合作建设面向沿线国家的科技创新基地。积极参与和主导国际大科学计划和工程，提高国家科技计划对外开放水平。

（四）完善突出创新导向的评价制度

根据不同创新活动的规律和特点，建立健全科学分类的创新评价制度体系。推进高校和科研院所分类评价，实施绩效评价，把技术转移和科研成果对经济社会的影响纳入评价指标，将评价结果作为财政科技经费支持的重要依据。完善人才评价制度，进一步改革完善职称评审制度，增加用人单位评价自主权。推行第三方评价，探索建立政府、社会组织、公众等多方参与的评价机制，拓展社会化、专业化、国际化评价渠道。改革国家科技奖励制度，优化结构、减少数量、提高质量，逐步由申报制改为提名制，强化对人的激励。发展具有品牌和公信力的社会奖项。完善国民经济核算体系，逐步探索将反映创新活动的研发支出纳入投资统计，反映无形资产对经济的贡献，突出创新活动的投入和成效。改革完善国有企业评价机制，把研发投入和创新绩效作为重要考核指标。

（五）实施知识产权、标准、质量和品牌战略

加快建设知识产权强国。深化知识产权领域改革，深入实施知识产权战略行动计划，提高知识产权的创造、运用、保护和管理能力。引导支持市场主体创造和运用知识产权，以知识产权利益分享机制为纽带，促进创新成果知识产权化。充分发挥知识产权司法保护的主导作用，增强全民知识产权保护意识，强化知识产权制度对创新的基本保障作用。健全防止滥用知识产权的反垄断审查制度，建立知识产权侵权国际调查和海外维权机制。

提升中国标准水平。强化基础通用标准研制，健全技术创新、专利保护与标准化互动支撑机制，及时将先进技术转化为标准。推动我国产业采用国

际先进标准，强化强制性标准制定与实施，形成支撑产业升级的标准群，全面提高行业技术标准和产业准入水平。支持我国企业、联盟和社团参与或主导国际标准研制，推动我国优势技术与标准成为国际标准。

推动质量强国和中国品牌建设。完善质量诚信体系，形成一批品牌形象突出、服务平台完备、质量水平一流的优势企业和产业集群。制定品牌评价国际标准，建立国际互认的品牌评价体系，推动中国优质品牌国际化。

（六）培育创新友好的社会环境

健全保护创新的法治环境。加快创新薄弱环节和领域的立法进程，修改不符合创新导向的法规文件，废除制约创新的制度规定，构建综合配套精细化的法治保障体系。

培育开放公平的市场环境。加快突破行业垄断和市场分割。强化需求侧创新政策的引导作用，建立符合国际规则的政府采购制度，利用首台套订购、普惠性财税和保险等政策手段，降低企业创新成本，扩大创新产品和服务的市场空间。推进要素价格形成机制的市场化改革，强化能源资源、生态环境等方面的刚性约束，提高科技和人才等创新要素在产品价格中的权重，让善于创新者获得更大的竞争优势。

营造崇尚创新的文化环境。大力宣传广大科技工作者爱国奉献、勇攀高峰的感人事迹和崇高精神，在全社会形成鼓励创造、追求卓越的创新文化，推动创新成为民族精神的重要内涵。倡导百家争鸣、尊重科学家个性的学术文化，增强敢为人先、勇于冒尖、大胆质疑的创新自信。重视科研试错探索价值，建立鼓励创新、宽容失败的容错纠错机制。营造宽松的科研氛围，保障科技人员的学术自由。加强科研诚信建设，引导广大科技工作者恪守学术道德，坚守社会责任。加强科学教育，丰富科学教育教学内容和形式，激发青少年的科技兴趣。加强科学技术普及，提高全民科学素养，在全社会塑造科学理性精神。

六、组织实施

实施创新驱动发展战略是我们党在新时期的重大历史使命。全党全国必须统一思想，各级党委和政府必须切实增强责任感和紧迫感，统筹谋划，系统部署，精心组织，扎实推进。

加强领导。按照党中央、国务院统一部署，国家科技体制改革和创新体系建设领导小组负责本纲要的具体组织实施工作，加强对创新驱动发展重大战略问题的研究和审议，指导推动纲要落实。

分工协作。国务院和军队各有关部门、各省（自治区、直辖市）要根据本纲要制定具体实施方案，强化大局意识、责任意识，加强协同、形成合力。

开展试点。加强任务分解，明确责任单位和进度安排，制订年度和阶段性实施计划。对重大改革任务和重点政策措施，要制定具体方案，开展试点。

监测评价。完善以创新发展为导向的考核机制，将创新驱动发展成效作为重要考核指标，引导广大干部树立正确政绩观。加强创新调查，建立定期监测评估和滚动调整机制。

加强宣传。做好舆论宣传，及时宣传报道创新驱动发展的新进展、新成效，让创新驱动发展理念成为全社会共识，调动全社会参与支持创新积极性。

全党全社会要紧密团结在以习近平同志为总书记的党中央周围，把各方面力量凝聚到创新驱动发展上来，为全面建成创新型国家、实现中华民族伟大复兴的中国梦而努力奋斗。

附录 2：国务院印发《关于深化制造业与互联网融合发展的指导意见》

各省、自治区、直辖市人民政府，国务院各部委、各直属机构：

制造业是国民经济的主体，是实施"互联网+"行动的主战场。我国是制造业大国，也是互联网大国，推动制造业与互联网融合，有利于形成叠加效应、聚合效应、倍增效应，加快新旧发展动能和生产体系转换，前景广阔、潜力巨大。当前，我国制造业与互联网融合步伐不断加快，在激发"双创"活力、培育新模式新业态、推进供给侧结构性改革等方面已初显成效，但仍存在平台支撑不足、核心技术薄弱、应用水平不高、安全保障有待加强、体制机制亟需完善等问题。为进一步深化制造业与互联网融合发展，协同推进"中国制造 2025"和"互联网+"行动，加快制造强国建设，现提出以下意见。

一、总体要求

（一）指导思想。全面贯彻党的十八大和十八届三中、四中、五中全会精神，按照国务院决策部署，牢固树立和贯彻落实创新、协调、绿色、开放、共享的发展理念，以激发制造企业创新活力、发展潜力和转型动力为主线，以建设制造业与互联网融合"双创"平台为抓手，围绕制造业与互联网融合关键环节，积极培育新模式新业态，强化信息技术产业支撑，完善信息安全保障，夯实融合发展基础，营造融合发展新生态，充分释放"互联网+"的力量，改造提升传统动能，培育新的经济增长点，发展新经济，加快推动"中国制造"提质增效升级，实现从工业大国向工业强国迈进。

（二）基本原则。

坚持创新驱动，激发转型新动能。积极搭建支撑制造业转型升级的各类互联网平台，充分汇聚整合制造企业、互联网企业等"双创"力量和资源，带动技术产品、组织管理、经营机制、销售理念和模式等创新，提高供给质量和效率，激发制造业转型升级新动能。

坚持融合发展，催生制造新模式。促进技术融合与理念融合相统一，推动制造企业与互联网企业在发展理念、产业体系、生产模式、业务模式等方面全面融合，发挥互联网聚集优化各类要素资源的优势，构建开放式生产组织体系，大力发展个性化定制、服务型制造等新模式。

坚持分业施策，培育竞争新优势。深刻把握互联网技术在不同行业、环节的扩散规律和融合方式，针对不同行业、企业融合发展的基础和水平差异，完善融合推进机制和政策体系，培育制造业竞争新优势。

坚持企业主体，构筑发展新环境。充分发挥市场机制作用，更好发挥政府引导作用，突出企业主体地位，优化政府服务，妥善处理鼓励创新与加强监管、全面推进与错位发展、加快发展与保障安全的关系，形成公平有序的融合发展新环境。

（三）主要目标。

到2018年底，制造业重点行业骨干企业互联网"双创"平台普及率达到80%，相比2015年底，工业云企业用户翻一番，新产品研发周期缩短12%，库存周转率提高 25%，能源利用率提高 5%。制造业互联网"双创"平台成为促进制造业转型升级的新动能来源，形成一批示范引领效应较强的制造新模式，初步形成跨界融合的制造业新生态，制造业数字化、网络化、智能化取得明显进展，成为巩固我国制造业大国地位、加快向制造强国迈进的核心驱动力。

到 2025 年，制造业与互联网融合发展迈上新台阶，融合"双创"体系基本完备，融合发展新模式广泛普及，新型制造体系基本形成，制造业综合竞争实力大幅提升。

二、主要任务

（四）打造制造企业互联网"双创"平台。组织实施制造企业互联网"双创"平台建设工程，支持制造企业建设基于互联网的"双创"平台，深化工业云、大数据等技术的集成应用，汇聚众智，加快构建新型研发、生产、管理和服务模式，促进技术产品创新和经营管理优化，提升企业整体创新能力和水平。鼓励大型制造企业开放"双创"平台聚集的各类资源，加强与各类创业创新基地、众创空间合作，为全社会提供专业化服务，建立资源富集、创新活跃、高效协同的"双创"新生态。深化国有企业改革和科技体制改革，推动产学研"双创"资源的深度整合和开放共享，支持制造企业联合科研院所、高等院校以及各类创新平台，加快构建支持协同研发和技术扩散的"双创"体系。

（五）推动互联网企业构建制造业"双创"服务体系。组织实施"双创"服务平台支撑能力提升工程，支持大型互联网企业、基础电信企业建设面向制造企业特别是中小企业的"双创"服务平台，鼓励基础电信企业加大对"双创"基地宽带网络基础设施建设的支持力度，进一步提速降费，完善制造业"双创"服务体系，营造大中小企业合作共赢的"双创"新环境，开创大中小企业联合创新创业的新局面。鼓励地方依托国家新型工业化产业示范基地、国家级经济技术开发区、国家高新技术产业开发区等产业集聚区，加快完善人才、资本等政策环境，充分运用互联网，积极发展创客空间、创新工场、开源社区等新型众创空间，结合"双创"示范基地建设，培育一批支持制造业发展的"双创"示范基地。组织实施企业管理能力提升工程，加快信息化和工业化融合管理体系标准制定和应用推广，推动业务流程再造和组织方式变革，建立组织管理新模式。

（六）支持制造企业与互联网企业跨界融合。鼓励制造企业与互联网企业合资合作培育新的经营主体，建立适应融合发展的技术体系、标准规范、商业模式和竞争规则，形成优势互补、合作共赢的融合发展格局。推动中小企业制造资源与互联网平台全面对接，实现制造能力的在线发布、协同和交易，积极发展面向制造环节的分享经济，打破企业界限，共享技术、设备和服务，提升中小企业快速响应和柔性高效的供给能力。支持制造企业与电子商务企业开展战略投资、品牌培育、网上销售、物流配送等领域合作，整合线上线下交易资源，拓展销售渠道，打造制造、营销、物流等高效协同的生产流通一体化新生态。

（七）培育制造业与互联网融合新模式。面向生产制造全过程、全产业链、产品全生命周期，实施智能制造等重大工程，支持企业深化质量管理与互联网的融合，推动在线计量、在线检测等全产业链质量控制，大力发展网络化协同制造等新生产模式。支持企业利用互联网采集并对接用户个性化需求，开展基于个性化产品的研发、生产、服务和商业模式创新，促进供给与需求精准匹配。推动企业运用互联网开展在线增值服务，鼓励发展面向智能产品和智能装备的产品全生命周期管理和服务，拓展产品价值空间，实现从制造向"制造+服务"转型升级。积极培育工业电子商务等新业态，支持重点行业骨干企业建立行业在线采购、销售、服务平台，推动建设一批第三方电子商务服务平台。

（八）强化融合发展基础支撑。推动实施国家重点研发计划，强化制造业自动化、数字化、智能化基础技术和产业支撑能力，加快构筑自动控制与感知、工业云与智能服务平台、工业互联网等制造新基础。组织实施"芯火"计划和传感器产业提升工程，加快传感器、过程控制芯片、可编程逻辑控制器等产业化。加快计算机辅助设计仿真、制造执行系统、产品全生命周期管理等工业软件产业化，强化软件支撑和定义制造业的基础性作用。构建信息物理系统参考模型和综合技术标准体系，建设测试验证平台和综合验证试验床，支持开展兼容适配、互联互通和互操作测试验证。

（九）提升融合发展系统解决方案能力。实施融合发展系统解决方案能力提升工程，推动工业产品互联互通的标识解析、数据交换、通信协议等技术攻关和标准研制，面向重点行业智能制造单元、智能生产线、智能车间、智能工厂建设，培育一批系统解决方案供应商，组织开展行业系统解决方案应用试点示范，为中小企业提供标准化、专业化的系统解决方案。支持有条件的企业开展系统解决方案业务剥离重组，推动系统解决方案服务专业化、规模化和市场化，充分发挥系统解决方案促进制造业与互联网融合发展的"粘合剂"作用。

（十）提高工业信息系统安全水平。实施工业控制系统安全保障能力提升工程，制定完善工业信息安全管理等政策法规，健全工业信息安全标准体系，建立工业控制系统安全风险信息采集汇总和分析通报机制，组织开展重点行业工业控制系统信息安全检查和风险评估。组织开展工业企业信息安全保障试点示范，支持系统仿真测试、评估验证等关键共性技术平台建设，推动访问控制、追踪溯源、商业信息及隐私保护等核心技术产品产业化。以提升工业信息安全监测、评估、验证和应急处置等能力为重点，依托现有科研机构，建设国家工业信息安全保障中心，为制造业与互联网融合发展提供安全支撑。

三、保障措施

（十一）完善融合发展体制机制。深入推进简政放权、放管结合、优化服务改革，放宽新产品、新业态的市场准入限制，加强事中事后监管，提升为企业服务的能力和水平，营造有利于制造业与互联网融合发展的环境。适应制造业与互联网跨界融合发展趋势，积极发挥行业协会和中介组织的桥梁纽带作用，鼓励建立跨行业、跨领域的新型产学研用联盟，开展关键共性技术攻关、融合标准制定和公共服务平台建设。围绕新商业模式知识产权保护需求，完善相关政策法规，建设结构合理、层次分明、可持续发展的知识产权运营服务网络。

（十二）培育国有企业融合发展机制。鼓励中央企业设立创新投资基金，引导地方产业投资基金和社会资本，支持大企业互联网"双创"平台建设、创新创意孵化、科技成果转化和新兴产业培育。建立有利于国有企业与互联网深度融合、激发企业活力、积极开展"双创"的机制，完善国有企业内部创新组织体系和运行机制，探索引入有限合伙制，完善鼓励创新、宽容失败的经营业绩考核机制，研究建立中央企业创新能力评价制度，建立促进创新成果转让的收益分配、工资奖励等制度，对企业重要技术人员和经营管理人员实施股权和分红激励政策。

（十三）加大财政支持融合发展力度。利用中央财政现有资金渠道，鼓励地方设立融合发展专项资金，加大对制造业与互联网融合发展关键环节和重点领域的投入力度，为符合条件的企业实施设备智能化改造、"双创"平台建设运营和应用试点示范项目提供支持。充分发挥现有相关专项资金、基金的引导带动作用，支持系统解决方案能力提升和制造业"双创"公共服务平台建设。制造业与互联网融合发展相关工作或工程中涉及技术研发、确需中央财政支持的，通过优化整合后的科技计划（专项、基金等）统筹予以支持。创新财政资金支持方式，鼓励政府采购云计算等专业化第三方服务，支持中小微企业提升信息化能力。

（十四）完善支持融合发展的税收和金融政策。结合全面推开营改增试点，进一步扩大制造企业增值税抵扣范围，落实增值税优惠政策，支持制造企业基于互联网独立开展或与互联网企业合资合作开展新业务。落实研发费用加计扣除、高新技术企业等所得税优惠政策，积极研究完善科技企业孵化器税收政策。选择一批重点城市和重点企业开展产融合作试点，支持开展信用贷款、融资租赁、质押担保等金融产品和服务创新。鼓励金融机构利用"双创"平台提供结算、融资、理财、咨询等一站式系统化金融服务，进一步推广知识产权质押，创新担保方式，积极探索多样化的信贷风险分担机制。

（十五）强化融合发展用地用房等服务。支持制造企业在不改变用地主体和规划条件的前提下，利用存量房产、土地资源发展制造业与互联网融合的新业务、新业态，实行 5 年过渡期内保持土地原用途和权利类型不变的政策。鼓励有条件的地方因地制宜出台支持政策，积极盘活闲置的工业厂房、企业库房和物流设施等资源，并对办公用房、水电、网络等费用给予补助，为致力于制造业与互联网融合发展的创业者提供低成本、高效便捷的专业服务。

（十六）健全融合发展人才培养体系。深化人才体制机制改革，完善激励创新的股权、期权等风险共担和收益分享机制，吸引具备创新能力的跨界人才，营造有利于融合发展优秀人才脱颖而出的良好环境。支持高校设置"互联网+"等相关专业，推进高等院校专业学位建设，加强高层次应用型专门人才培养。在重点院校、大型企业和产业园区建设一批产学研用相结合的专业人才培训基地，积极开展企业新型学徒制试点。结合国家专业技术人才知识更新工程、企业经营管理人才素质提升工程、高技能人才振兴计划等，加强融合发展职业人才和高端人才培养。在大中型企业推广首席信息官制度，壮大互联网应用人才队伍。

（十七）推动融合发展国际合作交流。积极发起或参与互联网领域多双边或区域性规则谈判，提升影响力和话语权。推动建立中外政府和民间对话交流机制，围绕大型制造企业互联网"双创"平台建设、融合发展标准制定以及应用示范等，开展技术交流与合作。结合实施"一带一路"等国家重大战略，运用丝路基金、中非发展基金、中非产能合作基金等金融资源，支持行业协会、产业联盟与企业共同推广中国制造业与互联网融合发展的产品、技术、标准和服务，推动制造业与互联网融合全链条"走出去"，拓展海外市场；提升"引进来"的能力和水平，利用全球人才、技术、知识产权等创新资源，学习国际先进经营管理模式，支持和促进我国制造业与互联网融合发展。

各地区、各部门要高度重视深化制造业与互联网融合发展工作，统一思想，提高认识，加大工作力度，切实抓好本意见实施。国家制造强国建设领导小组要统筹研究完善制造业与互联网融合发展推进机制，加强对重大问题、重大政策和重大工程的综合协调，部署开展督导检查，推动各项任务落实。各有关部门要按照职责分工，加强协同配合，做好指导协调，抓紧出台配套政策，完善相关规章制度，强化跟踪督查，及时帮助有关方面解决遇到的困难和问题。国家制造强国建设战略咨询委员会要充分发挥作用，组织开展基础性、前瞻性、战略性研究，为重大决策及相关工程实施提供咨询。各地区要结合实际建立健全工作机制，制定具体实施方案，加强考核评估，确保融合发展各项任务落到实处。

第三章 抢占"新经济"的制高点

新经济要"破茧成蝶",需要政府的支持、企业的投入和大众的参与,需要打破传统的束缚和界限。这些需要理念上的突破和创新,也需要在实践上砥砺前行。

党的十八大以来,从确立"两个一百年"奋斗目标到提出"中国梦",从统筹"五位一体"总体布局到协调推进"四个全面"战略布局,从把握中国经济发展新常态到牢固树立五大发展理念……蕴藏鲜明时代内涵的治国理政总体方略与时俱进、不断发展,为实现马克思主义同中国实际相结合的又一次历史性飞跃奠定了坚实基础,推动中国特色社会主义迈向新的境界。

"新经济"的发展,离开不政府、企业和大众的支持。近年来,通过政府简政放权、大力弘扬"双创"以及实施供给侧结构性改革等措施,为"新经济"的萌发培植土壤、保驾护航;无论是传统产业还是高新技术企业,无论是国有企业还是民营经济,都在努力试水"新经济",转换增长"新动能";广大民众也集思广益、万众创新。中国大地掀起了新经济发展、新旧动能转换的浪潮。

一、新理念激活新动能

2012 年 11 月,以习近平同志为核心的党中央接过历史的接力棒,在新中国成立以来党和人民接续奋斗的基础上,继续在中国特色社会主义道路上谋划民族复兴的伟大事业。从党的十八大强调"全面建成小康社会",到党的十八届三中全会部署"全面深化改革",再到党的十八届四中全会要求"全面依法治国"、党的群众路线教育实践活动总结大会宣示"全面从严治党","四个全面"战略布局清晰展现。

"四个全面"的关键就在于坚持中国道路、增创中国优势。这一战略布局,统一于民族复兴的伟大梦想,统一于中国特色社会主义伟大事业,统一于党的建设新的伟大工程,统一于我们正在进行的具有许多新的历史特点的伟大斗争。它兼顾中国特色和世界潮流,体现中国与世界的深刻互动,深化了对共产党执政规律、社会主义建设规律、人类社会发展规律的认识,是中国和中国人民阔步走向未来的关键抉择。

"四个全面"是以习近平同志为核心的党中央从坚持和发展中国特色社会主义全局出发提出的战略布局,是党中央治国理政的总方略,是实现"两个一百年"奋斗目标、走向中华民族伟大复兴中国梦的"路线图"。"四个全面"战略布局的实施,表明新一届中央领导集体治国理政方略更加完善,标志着我们党对党的执政规律、对社会主义建设规律、对人类社会发展规律的认识达到新的高度,党带领人民向着宏伟目标的伟大进军又迈出重要一步。

可以说,"四个全面"总方略是马克思主义基本原理与当今中国具体实际相结合的理论创新成果,丰富和发展了中国特色社会主义理论体系。从以经济建设为中心开启改革开放伟大实践到"五位一体"推进中国特色社会主义事业,从"坚持党的领导,改善党的领导"到"全面从严治党"——正是在党治国理政方略的不断完善中,党和国家事业不断走向兴旺发达,中国以势不可挡的雄姿屹立于世界东方。

短短 30 多年改革开放,从国民经济濒临崩溃到经济总量世界第二,实现如此逆转,"中国为什么能?"根本原因在于我们党坚持实事求是的思想路线,勇于开拓、与时俱进,围绕执政兴国的历史使命,适时提出反映发展阶段性特征的目标任务,把总目标化作总方略,把总方略变为具体的谋篇布局和任务落实,形成战略优势,取得战略成果,不断切近民族复兴的宏伟目标。

"四个全面"战略布局是一个整体,既有战略目标,也有战略举措,每一个"全面"都具有重大战略意义；既是党中央治国理政的施政纲领，要求如期实现全面建成小康社会，又是对在全面建成小康社会基础上实现我国现代化和民族复兴的总体方略和战略指引。"四个全面"战略布局，抓住了中国特色社会主义建设"五位一体"总布局中的"牛鼻子"，使当前和今后一个时期，党和国家各项工作的关键环节、重点领域、主攻方向更加清晰，内在逻辑更加严密。

发展速度在换挡，发展方式在转变，经济结构在调整，发展动力在转换。党的十八大以来，国际局势风云变幻，国内改革发展稳定任务艰巨。党中央始终保持战略定力，坚持"五位一体"总体布局，协调推进"四个全面"战略布局，创造性地提出创新、协调、绿色、开放、共享五大发展理念，掀开关系我国发展全局的一场深刻变革，并坚定不移向着全面建成小康社会的宏伟目标迈进。

"创新是引领发展的第一动力。"2015年十二届全国人大三次会议上，习近平总书记在参加上海代表团审议时，提出新阶段发展的新理念。7个多月后召开的党的十八届五中全会上，创新、协调、绿色、开放、共享的发展理念明确为我国发展的指导思想。"五大发展理念"总结了中国发展的最佳实践，是中国原创性的发展新理念。

当今世界，科技创新浪潮席卷全球，今天的中国要把握住世界科技革命的历史机遇，按照创新、协调、绿色、开放、共享的发展理念，加快创新型国家建设，着力推进结构性改革尤其是供给侧结构性改革，推动信息化与实体经济深度融合发展，不断提升全要素生产率，努力保持经济中高速增长、迈向中高端水平。

2016年5月25日，李克强总理在贵阳出席中国大数据产业峰会暨中国电子商务创新发展峰会开幕式并发表致辞时表示，要推动新经济发展和传统产业转型升级，必须坚持改革开放，使中国经济发展方式从过度依赖自然资源转向更多依靠人力资源开发。自然资源是有限的，但人力资源是无限的，蕴藏着无穷的创造力，是实现可持续发展的最大资源。我们坚持创新驱动发展战略，制定实施网络强国战略、国家大数据战略、"互联网+"行动计划、《中国制造 2025》等，出台了一系列重大举措，在促进创新和更好发挥人力资源优势方面的效应正在显现。以大数据为代表的创新意识和传统产业长期孕育的工匠精神相结合，使新旧动能融合发展，并带动改造和提升传统产业，有力推动虚拟世界和现实世界融合发展，打造中国经济发展的"双引擎"。

李克强指出，要发展共享经济，让更多的人有平等创业就业的机会，使广大人民更好分享改革发展成果。共享经济不光是在做加法，更是在做乘法，会让创业创新门槛更低，成本更小，速度更快。近三年，我们大力推进简政放权和商事制度改革，激发了人们的创业创新热情，催生了一批新技术、新产业、新模式。这些企业今天还是"小个子"，未来就可能产生一些"小巨人"，甚至享誉世界。企业家精神和工匠精神有机结合，可以使产品品质和企业效益都有提升，更好满足消费者对产品和服务的需求。共享经济不仅人人都可参与，而且人人都可受益。我们要大力加强信息基础设施建设，尤其要加快农村和老少边穷地区基础设施建设步伐，缩小"数字鸿沟"，促进扩大就业和减少贫困人口。

当今世界和中国，新经济就在我们周围，创新时刻都在发生。出门前有专车等候、按按手机可以网络挂号、"机器人"擦玻璃省去了对安全的担忧……虽然弄不清楚"互联网+""智能制造"等词的含义，但我们几乎每个人都已被这些"新玩意"带动的更加智慧与便捷。在浸入人们生活的同时，应运而生的新技术、新模式、新业态如雨后春笋破土而出，为经济发展注入新动力，为"十三五"开局季增添暖色。

2016 年初，就在"阿尔法狗"与李世石的围棋大战刚落下帷幕，人们还在为人机"脑力比拼"争论不休时，人工智能的另一应用——无人车，已缓缓"驶来"。在北京五环路上，由百度主导研发的无人驾驶汽车上路测试，各项性能稳定。车内有集高精度地图定位、语音图像识别、智能决策分析等功能于一身的专业"司机"，车顶有个实际路况和气候探测分析雷达，按个键，输入个地址，就能把你送到目的地。据悉，百度将把这项技术在国内 10 个城市进行实际道路试点。预计 5 年实现量产，提高出行效率，减少交通事故。

尽管这些创新很多还停留在概念或试验过程中，或者规模还比较小，但所有这些不断涌现的新亮点已让人们切身感受到经济发展的活力，并从中感知未来发展的暖意和方向。

经济之"新"不仅体现在新的行业，一些传统产业也在新技术的带动下"老树发新芽"，找到新的发力点。如军工技术向民用领域拓展研发，为中国航天科工集团 35 所带来新出路。35 所所长周明表示，利用地磁实验和磁场检测等技术，35 所自主研发的海底管道漏磁内检测器可对管道进行超高清检测，确保石油运输的安全性，目前进入推广阶段。不仅如此，这个检测器可根据用户需求定制，拓展到陆地管道、市政管道等领域。

一些理念、模式的创新也为当前经济带来新意。减少线下店铺铺设，用网络场景销售，让电商与服装企业告别竞争走向共赢；拼车、拼饭等分享经济的兴起，让人们以更低的成本和更高的速率来配置海量闲置资源……在这些新亮点的引领下，传统产业和新兴产业加速融合，逐步探索出更宽更广的发展之路。同样，这些创新或将应用到千万产业，激活当前经济"一池春水"，带来脱胎换骨的巨变。

处于深度调整阶段的中国经济，越来越倚重创新来撬动新需求、形成新动力。无论是新科技，还是新模式和新业态，都传递了当前经济发展的新思路，即从供给侧发力，从结构调整入手，打造动能转换的新引擎。

在中国工业经济联合会会长李毅中看来，中国经济正在经历的变革，表面上看是增速的高低变化，实质是结构的深度调整。亟需加快培育新动能，改造提升传统比较优势，加强供给侧结构性改革恰逢其时。正在"萌芽开花"的新经济，对中国经济发展的重要意义不言而喻。

新理念、新思路，正在孕育新变化。传统行业借助新技术释放活力，新兴服务业和新业态也方兴未艾。2016 年前两个月，全国网上商品和服务零售额同比增长 27.2%，网络购物带动快递业务迅猛增长。信息消费成倍增长，1 月份移动互联网接入流量同比增长 120.9%。

专家认为，新经济从供给侧发力，恰恰说明它并非另起炉灶，而是既包括传统产业的调整升级，又包括新兴产业的发展壮大。二者并行才能形成"双引擎"，推动经济持续增长、跃上新台阶。新经济不仅代表新技术、新模式，还是一种新理念，并带来新红利。它有望演变为我国经济转型升级的成功模式，对世界很多国家有重要借鉴意义。

当然，尽管从目前看，在"十三五"开局之年崭露头角的新经济，尚不足以支撑中国经济成功迈过"转方式、调结构"这道坎儿，其发展潜力和影响力仍不可估量。正如李克强总理所说，这些企业今天还是"小个子"，未来就可能产生一些"小巨人"，甚至享誉世界。

发展新经济不仅在短期内帮助去产能、去库存，更重要的是，长远看将推动形成创新驱动的发展模式以及实现结构优化。"十三五"规划纲要确定的一批 2030 年重大科技创新项目和工程，大量涉及新经济发展，包括重点支持新一代信息技术、新能源汽车等产业发展壮大，智能交通、虚拟现实与互动影视等新兴前沿领域创新和产业化等，足可见星星之火的燎原之势。作为新经济代表之一的分享经济呈蓬勃发展之势。有海外机构预计说，到 2025 年，全球分享经济产值可达 2300 亿英镑，其中中国被预言有巨大空间。包括分享经济在内的新产业、新模式、新业态层出不穷，既形成中国经济的新蓝海，又是迈向"双中高"的新引擎。

二、新措施为"新经济"萌发培植土壤

创新对中国有多重要？从"十三五"规划建议的表述中就可窥见：引领发展的第一动力，国家发展全局的核心位置，贯穿党和国家一切工作……2015年，"创客"被写入政府工作报告，"创新"成为党和国家领导人口中的高频词汇，是宏观政策取向的一大靶心，是街谈巷议的热门话题，是有志青年的目标追求。2015 年以来，中央出台加快推进创新驱动发展的文件，在提前完成本届政府目标任务下继续取消或下放行政审批事项，商事制度改革实现"先照后证"，全国平均每天新登记企业超过 1 万户。

新经济的发展需要新的体制机制予以保障。专家指出，新旧动能交替之际，需警惕遇到困难就回到"老路子"的苗头，要坚定信心，破除机制体制障碍，降低社会资本对新经济的准入门槛，激发民营企业参与的活力。通过持续推进改革开放，发挥中国经济巨大的韧性、潜力和回旋余地。

在新经济发展过程中，政府责无旁贷，肩负着为新经济发展壮大营造环境、保驾护航的重任。党的十八大以来，无论是供给侧结构性改革的一系列措施，还是简政放权、鼓励"双创"，都成为新经济发展的一片沃土。

2016年5月25日李克强总理在贵阳出席中国大数据产业峰会暨中国电子商务创新发展峰会开幕式上表示，要通过简政放权放管结合积极培育发展大数据等信息网络产业。依靠改革推动发展，这方面需要市场主导，政府也大有可为。要打破"信息孤岛"和"数据烟囱"，推动政府信息共享，提升政府效能，让企业和群众办事创业更方便。除涉及国家安全、商业秘密、个人隐私以外的数据，都应向社会开放。充分利用信息化手段完善市场监管，形成线上线下一体化监管格局，实现"人在干、数在转、云在算"。利用大数据等技术为民谋利、解民所忧，促进形成公平普惠、便捷高效的民生服务体系。

李克强强调，要在开放和发展中实现信息安全。强化信息网络和数据安全治理，建立和完善数据流动与利用监管立法，构建信息基础设施安全保障体系。依法依规打击信息滥用、侵犯隐私、网络诈骗、盗取商业秘密等行为，加强知识产权保护，保障公民的信息安全权益，净化网络空间。

李克强表示，当前世界经济复苏乏力，信息产业等新经济快速发展，给世界经济增长带来亮光和希望。中国信息化发展方兴未艾。欢迎各国企业和创业者来华投资兴业，鼓励东部高新技术产业特别是与大数据相关联的衍生产业向生产成本较低、可以获得更高效益的中西部地区转移发展。我们将营造更加公平、透明、可预期的投资环境，保障企业合法权益，提供更好的公共服务。

简政放权、放管结合、优化服务，新一届政府成立以来，着重从体制机制入手，推进行政体制改革、转职能、提效能，致力于为新经济营造良好的发展氛围和培植肥沃的土壤。

1. 为何要持续推进"放管服"改革？

推进行政体制改革，是全面深化改革、完善社会主义市场经济体制的重要内容，也是提高政府现代治理能力的关键举措，是政府的自身改革。党的十八大以来，以习近平同志为核心的党中央高度重视有关工作，提出明确要求。十八届二中全会指出，转变政府职能是深化行政体制改革的核心。十八届三中全会强调，经济体制改革的核心问题是处理好政府和市场的关系，使市场在资源配置中起决定性作用和更好发挥政府作用，其关键就是转变政府职能。新一届政府成立以来，牢牢扭住转变政府职能这个"牛鼻子"，先是着力推进简政放权、放管结合，2015年又将优化服务纳入其中，"放管服"三管齐下、协同推进，中央和地方上下联动、合力攻坚，不断将改革推向深入。

本届政府成立之初，国务院部门各类审批达1700多项，投资创业和群众办事门槛多，审批过程手续繁、收费高、周期长、效率低，不仅严重抑制市场活力、制约经济社会发展，还容易导致权力寻租、滋生腐败，企业和群众对此反映强烈。

为此，新一届政府提出要以壮士断腕的决心和勇气向市场和社会放权，郑重承诺本届政府要减少行政审批事项三分之一以上。三年多来，经过不懈努力，国务院部门共取消和下放行政审批事项618项，占原有审批事项的36%，政府承诺的目标提前超额完成。

非行政许可审批彻底终结。连续两次修订政府核准的投资项目目录，中央层面核准的项目数量累计减少约76%，95%以上的外商投资项目、98%以上的境外投资项目改为网上备案管理；实施商事制度改革取得明显成效，工商登记由"先证后照"改为"先照后证"，前置审批精简85%，注册资本由实缴改为认缴，全面实施"三证合一、一照一码"；个人和企业资质资格认定事项压减44%；加大减税和普遍性降费力度，先后出台了一系列税收优惠政策，不断扩大营改增试点范围，砍掉了大部分行政审批中介服务事项，取消、停征、减免一大批行政事业性收费和政府性基金，据测算每年可减轻企业负担1500多亿元；中央政府定价项目减少80%，中央对地方财政专项转移支付项目减少一半以上。

在放权的同时，创新和加强事中事后监管，针对群众期盼优化公共服务。各地在承接上级下放权限的同时，积极推进本层级的"放管服"改革，多数省份行政审批事项减少50%左右，有的达到70%。

这一系列改革很大程度上为企业"松绑"、为群众"解绊"、为市场"腾位"，也为廉政"强身"，极大激发了市场活力和社会创造力。特别是推动了新动能加快成长，大众创业万众创新热情空前高涨，新增市场主体持续快速增长。

统计显示，2015年以来，全国平均每天新增4万户，其中新登记企业平均每天新增1.2万户，企业活跃度保持在70%左右。我国营商环境明显改善，市场准入和运行的制度成本大幅降低，全要素生产率稳步提升。世界银行发布报告称，近两年中国内地的营商便利度在全球的排名每年提升6个位次。尽管在国内外经济形势严峻复杂、国内传统动能减弱，以及"三期叠加"的背景下，在不依靠"强刺激"的条件下，坚持把深化"放管服"改革作为"先手棋"和"当头炮"，着力推进结构性改革尤其是供给侧结构性改革，释放市场的潜力和活力。三年多来，我国经济运行之所以保持在合理区间，增长速度在世界主要经济体中位居前列，城镇新增就业连续三年超过1300万人，居民收入不断增长，社会保持和谐稳定，"放管服"改革发挥了关键性作用。

当前和今后一个时期，我国发展仍处于可以大有作为的战略机遇期，也面临着诸多矛盾叠加、风险隐患增多的严峻挑战。要实现全面建成小康社会目标、跨越"中等收入陷阱"，必须坚持党的基本路线，坚持发展是第一要务，必须靠深化改革促发展，核心问题仍是处理好政府与市场的关系，使市场在资源配置中起决定性作用和更好发挥政府作用。简政、减税、创新等都是结构性改革尤其是供给侧结构性改革的重要内容。为此，必须在更大范围、更深层次上深化简政放权、放管结合，进一步优化服务，继续推进行政体制改革、转职能、提效能，促进去产能、去库存、去杠杆、降成本、补短板，牵引和带动其他方面的改革，推动全面深化改革。

之所以这样判断，**首先，这是应对当前经济下行压力、保持经济平稳运行的迫切需要。**

2016年以来，世界经济增长乏力，不稳定不确定因素明显增多，国际货币基金组织（IMF）认为，2016年面临近几年来最严峻的形势，世界贸易组织（WTO）预计，2016年全球贸易增速是多年来最低的。从国内看，长期积累的矛盾和风险进一步显现。2016 年一季度经济平稳运行，结构、质量方面出现一些积极变化，有些指标好于预期，但经济下行压力仍然比较大，稳中向好的支撑仍不牢固，如民间投资一季度增速就同比降低了 7.9 个百分点。

尽管这几年"放管服"取得明显效果，但一些地方仍存在各种有形无形的障碍，社会上所说的"玻璃门""弹簧门""旋转门"随处可见。不仅是在投资和基础设施领域，也包括公共服务和消费领域，既严重影响了各类市场主体投资积极性，也制约了消费潜力的发挥。因此，要把经济稳中向好的势头巩固住，必须创新用好宏观调控工具箱里的各类工具，不仅要运用好财政和货币政策，更要运用好"放管服"改革这个关键性工具，营造稳定的宏观经济环境；不断释放市场活力，持续增强发展内生动力，有效对冲经济下行压力。

其次，这是降低制度性交易成本、促进经济提质增效升级的迫切需要。

近年来，由于国际国内多重因素，不少企业经营困难、效益不好。对此，党中央、国务院采取了多项措施帮助企业减负，包括结构性减税降费、阶段性降低"五险一金"费率等。企业普遍欢迎政府通过减税降费等措施来帮助降低成本，但更希望政府通过简政放权、放管结合、优化服务来降低制度性交易成本。现在企业面临的不仅是市场准入的门槛高，而且运营中的制度性交易成本高，各种认证、评估、检查、检测等，仍然在精力和金钱上困扰着企业。虚高的交易成本，必然会使一些企业减少必要的创新研发等投入，甚至降低产品质量。因此，降低各种制度性交易成本，让企业和各类市场主体轻装上阵，刻不容缓，势在必行。

再次，这是推动大众创业万众创新、培育发展新动能的迫切需要。

人是生产力中最活跃最重要的因素，发展的根本动力在于人民群众创造力的发挥，而这关键取决于社会制度安排和政府治理方式。"天下多忌讳，而民弥贫"。烦苛管制必然导致停滞与贫困，简约治理则带来繁荣与富裕。近年来，我国政府推进"放管服"改革、促进"双创"，效果超出预期，再次印证了这个道理。在我国经济发展进入新常态、新旧动能转换的背景下，要实现"双中高"，必须坚持实施创新驱动发展战略，营造更加有利于激发人民群众创造力的制度环境，为发展源源不断注入强劲动能。

推进社会创造创新，首先要推进政府治理创新。只有加快推进政府职能转变，以敬民之心，行简政之道、革烦苛之弊，施公平之策、开便利之门，推动"双创"深入开展，才能加快发展新经济、培育壮大新动能、改造提升传统动能，推动发展转向更多依靠人力人才资源和创新，提高全要素生产率，使更多的人依靠勤劳和智慧富起来，让中国经济的无限活力充分迸发出来。

第四，这是实施新一轮高水平对外开放、培育国际竞争新优势的迫切需要。

近年来，我国传统国际竞争优势出现弱化趋势，外贸增速持续下降，利用外资增速也在放缓。大量加工贸易企业，许多还是国际知名品牌企业，陆续把生产线转到了其他国家。这既有我国资源要素条件变化和外需不振的因素，也与营商环境有关。面对这种形势，如果我们不妥善应对，不仅外贸下滑态势难以扭转，还会影响就业。

因此，除了继续发挥我国固有的熟练劳动力、完整的产业链条以及发达的基础设施等优势外，营造更有吸引力的国际化、法治化、便利化营商环境，探索实行准入前国民待遇加负面清单管理制度同样非常关键。所以，要通过持续深化"放管服"，继续推进行政体制改革、转职能、提效能，构建开放型经济新体制，以优质高效、低成本的服务，促进国际竞争新优势的培育和提升。

第五，这是提高政府治理能力、全面正确履行政府职能的迫切需要。

虽然近几年我国转变政府职能取得了很大进展，但与社会主义市场经济体制和中国特色社会主义事业发展的要求相比仍存在不少问题和不足，既有缺位、越位、不到位问题，也有治理能力和方式不适应、运行效率不高问题，还有各级政府之间职责和权力边界不清问题。只有继续推进"放管服"改革，进一步理顺政府和市场、政府和社会、中央和地方的关系，更好发挥市场和社会的作用，充分调动中央和地方两个积极性，才能全面正确履行政府职能，打造法治政府、创新政府、廉洁政府和服务型政府，实现政府治理能力现代化，促进经济社会持续健康发展。

2. 继续推动简政放权向纵深发展

2016 年 6 月 15 日，李克强总理主持召开国务院常务会议，决定宣布失效一批与现行法律法规不一致、不利于办事创业、不适应经济社会发展需要的政策性文件；部署清理规范工程建设领域保证金，降低企业成本、营造公平竞争环境。

会议指出，全面清理与现行法律法规不一致、不利于改革发展的政策文件，是持续推进简政放权、放管结合、优化服务改革，建设法治政府的重要举措，对更大发挥市场机制作用，营造实施创新驱动发展战略，推动大众创业、万众创新的良好环境，促进新经济、新动能成长，具有重要意义。会议决定，在前期已宣布失效 489 件国务院文件的基础上，经严格审核，再宣布失效并停止执行 506 件国务院文件，具体包括：一是不符合现行法律法规或没有法律法规依据的；二是不适应经济发展需要，严重束缚企业生产经营和管理活动的；三是设立的审批事项已取消或下放，或不同文件对同一事项重复要求、规定不一致的。会议要求，要做好政策衔接，完善事中事后监管，防止出现"空档"。各地区、各部门也要根据上述精神，抓紧清理和废止不符合现行法律法规或没有法律法规依据，不利于稳增长、促改革、调结构、惠民生的政策文件。

推进简政放权改革，说到底是要为市场增活力、为发展添动力。但这不能仅是说说而已，要有衡量改革成效的具体标准：改革后企业申请开办的时间压缩了多少、项目审批提速了多少、群众办事方便了多少。其中，每个方面都要有明确的量化指标。为此，简政放权要坚持"简"字当头，坚决革除不合时宜的陈规旧制，打破不合理的条条框框，砍掉束缚创业创新的繁文缛节，把该放的权力彻底放出去，能取消的尽量取消、直接放给市场和社会。为此，本届政府再次自我加压，设定了一系列简政放权的具体目标。

实施精准协同放权。要坚持问题导向、需求导向、目标导向，聚焦"痛点"、瞄准"堵点"。为此国务院决定，2016 年再削减国务院部门行政审批事项和中央指定地方实施行政审批事项 50 项以上，削减国务院部门设置的职业资格比例达到 70%以上，削减一批生产许可证、经营许可证和资质认定。

　　此外国务院还提出，为更好发挥投资对稳增长、调结构、惠民生的关键性作用，中央层面核准的企业投资项目削减比例要达到 90%以上，简化整合投资项目报建审批，保留的审批事项要纳入全国统一的投资项目在线审批监管平台，实行"一站式"网上并联审批，明确标准、缩短流程、限时办结。要进一步提高放权的协同性、联动性，对跨部门、跨领域、跨地域的审批事项，相同或相近类别的要一并取消或下放，关联审批事项要全链条整体取消或下放。对下放给基层的审批事项，要在人才、经费、技术、装备等方面予以保障，确保基层接得住管得好。大幅减少和规范涉企收费及审批评估事项，坚决管住伸向企业乱收费的"黑手"。要推动规范化审批，提高审批效率。

　　深入推进商事制度改革。继续大力削减工商登记前置审批事项，2016 年再取消三分之一，累计压减比例达到 90%以上，同步取消后置审批事项 50 项以上。大幅砍掉各类不必要的证照，在"三证合一"基础上，把涉及企业的社会保险登记证、统计登记证也整合进来，尽快推行"五证合一、一照一码"；年内还要实现个体工商户的营业执照和税务登记证"两证合一"。推进工商登记全程电子化试点，加快推行电子营业执照。同步推进"证照分离"改革试点，除涉及国家安全、生态安全和公众健康等重大公共利益外，能分离的"证"都要分离出去，切实解决"办照容易办证难"问题。强化现有制度规定与"三证合一、一照一码"的有效衔接、联动实施，真正实现"一照走天下"。

　　合理扩大高校和科研院所自主权。经济要转型升级，根本上还是要靠创新驱动。高校和科研院所是推动科技创新的主力军，但由于一些管理制度和办法不合理、卡得太死，有关部门干预多，束缚了手脚、影响了积极性、抑制了发明创造。为此国务院决定，2016 年要把合理扩大高校和科研院所办学、科研的自主权，作为一项重要工作来抓，国务院有关部门将抓紧研究制定相关文件并颁布实施。对束缚教学科研人员积极性创造性发挥的不合理规定，都要取消或修改；对高校和科研院所能够自主管理的事项，相关权限都要下放，特别是要扩大经费使用、成果处置、职称评审、薪酬分配、设备采购、学科专业设置等方面的自主权。总之，对高校和科研单位办学、搞科研必须按照教育、科研规律办事，不能简单照搬党政机关的管理办法，对兼任院系领导职务的教学科研人员不能简单套用管理纯行政干部任职的有关规定。要落实完善支持教学科研人员创业创新的股权期权激励等相关政策，促进科技成果转化，对从事兼职创业的要创造宽松条件。政府部门要加强督导监管，重点是管方向、管政策、管引导、管评价。高校和科研院所要依法遵规行使自主权，完善内部治理机制，防止腐败现象发生。

李克强总理强调："简政放权要取得更大实效，必须以更大力度推进政务公开。人民群众和企业对不合理审批之弊感受最深，对改什么、如何改、成效如何，最有发言权。"

只有让人民群众和企业了解放权情况，监督放权进程，评价放权效果，才能确保放权落到实处。公开透明是现代政府的基本特征，全面推进政务公开，让权力在阳光下运行，对于发展社会主义民主政治，保障人民知情权、参与权、表达权、监督权具有重要意义，这也是简政放权的应有之义。

国务院要求，一要加快清单制定和公开。要加紧制定国务院部门权力清单和责任清单；在部分地区试点市场准入负面清单制度，进一步压缩负面清单；加快编制行政事业性收费、政府定价或指导价经营服务性收费、政府性基金和国家职业资格、基本公共服务等各方面清单。清单形成之后，要及时主动向社会公开，推动政府更好依法规范履职，做到法定职责必须为、法无授权不可为。二要全面推进政府信息公开。坚持"公开为常态、不公开为例外"，推进决策、执行、管理、服务、结果公开和重点领域信息公开。特别是要加大决策公开力度，对涉及群众切身利益的重大决策，要采取公开草案、听证论证等方式广泛听取公众意见。一旦做出决策，要及时做好政策解读、解疑释惑。还要加大政府信息数据开放力度。除涉及国家安全、商业秘密、个人隐私的以外，都应向社会开放，使之转化为社会财富。三要打通"信息孤岛"。过去较长时期，一些地方和部门的信息化建设各自为政，形成一个个互不相连的"信息孤岛"和"数据烟囱"，严重制约了政府效能的提升，给企业和群众办事创业造成很大不便。必须下决心打通数据壁垒，拆除"隔离墙"，实现各部门、各层级数据信息互联互通、充分共享，最大限度地便民利民。四要及时公开突发敏感事件处置信息。对突发事件特别是涉及群众健康和公共安全的事件，必须尽早进行科学处置，及时公开信息，回应社会关切，澄清不实传言，避免引起误解、炒作。各级政府要高度重视信息公开基础建设，增加公开渠道，打造网站、新媒体、传统媒体相互联动的立体式、多功能信息公开平台，畅通连接政府与群众的信息"高速路"。

3. 推进政府监管体制改革

转变政府职能要以促进社会公平正义、增进人民福祉为出发点和落脚点。这是中国特色社会主义的本质要求，是由我们党和政府的宗旨与性质所决定的，也攸关改革的成败。要创新和加强政府管理，推进监管体制改革，促进权利公平、机会公平、规则公平，让全体人民共享改革发展成果，使社会既充满活力又和谐有序。

目前，我国市场经济秩序还不规范，不公平竞争现象还大量存在。"简政"不是"减政"，"放权"不是"放任"，而是为了腾出手来加强监管。只有管得好、管到位，才能放得更开、减得更多。要改革监管体制，创新监管模式，强化监管手段，切实提高事中事后监管的针对性、有效性，使市场活而不乱。

一是实施公正监管。"双随机、一公开"是本届政府在监管体制方面的重大改革，充分体现了监管的公平性、规范性和简约性，也是国内外实践都证明是行之有效的科学监管方式。双随机抽查对任何市场主体来说，被检查概率都是一样的，这样既让企业始终对监管有敬畏之心、不敢心存侥幸，从而自我约束、守法经营，也有效减少了执法者的自由裁量权和寻租机会，防止因徇私舞弊而随意执法和选择性监管，促进依法行政、执法公正。2016年，有关部门将加快建设企业信用信息"全国一张网"，建立健全市场主体诚信档案、行业黑名单制度和市场退出机制，年底前建立起联合激励与惩戒机制，使"守信者一路绿灯，失信者处处受限"。

二是推进综合监管。各类市场主体千差万别，越来越多的企业跨行业、跨区域经营，要做到有效监管，必须建立综合监管体系，发挥好各种监管资源的最大效益。长期以来，各地存在着多头执法、重复检查、标准不一等痼疾，既加重企业负担，也造成很多不公平。今年，有关部门将按照权责一致原则，继续推进市县两级市场监管领域综合行政执法改革，落实相关领域综合执法机构监管责任。同时建立健全跨部门、跨区域执法联动响应和协作机制，实现违法线索互联、监管标准互通、处理结果互认，消除监管盲点，降低执法成本。

三是探索审慎监管。当前新技术、新产业、新业态、新模式层出不穷，是我国发展的希望所在。要使这些新经济持续健康发展，不能不进行监管，否则就可能会引发风险。但这些新经济在发展模式、机制和特点等方面与传统经济有很大的不同，有的远远超出了我们已有的认知能力和水平，监管不能简单套用老办法，否则就可能将其扼杀在萌芽状态。因此，要本着鼓励创新原则，区分不同情况，探索适合其特点的审慎监管方式。对那些看得准的新生事物，比如基于"互联网+"和分享经济的新业态，要量身定制监管模式，不能削足适履；对有些一时看不准的，可以先观察一段时间，不要一上来就把它管死；对于那些潜在风险很大、有可能造成严重不良社会后果的，要严格加强监管，发现问题果断出手；对那些打着创新之名行非法经营之实的，要坚决予以取缔。

四是促进各类市场主体公平竞争。一方面，要在降门槛、同规则、同待遇上下功夫。特别是要坚持"两个毫不动摇"，不断增强国有经济活力、控制力、影响力，提高核心竞争力，更好激发非公经济和民间投资的活力，支持民营企业扩大投资。"法无明文规定不禁止"，凡是法律法规未明确禁入的行业和领域，都应允许各类市场主体进入；凡是已向外资开放或承诺开放的领域，都应向国内民间资本放开；凡是影响民间资本公平进入和竞争的不合理障碍，都要统统打掉。

促进社会公平正义，要努力创造人人平等的发展机会。城乡区域之间发展不平衡是我国最大的结构性矛盾，也是影响社会公平的突出问题。因此，我国正在推进的以人为核心的新型城镇化，也是促进社会公平的重大举措。要深化户籍制度改革，放宽城镇落户条件，加快让居住证覆盖未落户的城镇常住人口，提高居住证的"含金量"，保障他们依法享有居住地教育、就业、医疗、社保等基本公共服务，着力解决三个 1 亿人问题。要大力促进教育公平，改造农村薄弱学校，逐步消除城镇学校"大班额"现象，落实和完善农民工随迁子女在当地就学和升学考试政策，继续扩大重点高校面向贫困地区农村的招生规模。要切实维护劳动者平等就业和自主择业的权利，落实完善促进就业创业的各项政策，鼓励以创业带动就业，坚决稳住就业这个经济运行的"底盘"。

4. 优化服务提高办事效率

为人民群众提供比较充裕的公共产品和优质高效的公共服务，让老百姓过上好日子，是政府的重要职责，在当前形势下也可以增加有效投资、鼓励居民消费，有利于顶住经济下行压力。转变政府职能，要从人民群众需要出发，加强薄弱环节、解决突出问题，努力提升服务能力和水平。同时，转变政府职能的成效，最终要体现在办事效率的提升上。只有高效运行的服务型政府，才是人民满意的政府。

一要着力提高"双创"服务效率。大众创业万众创新是推动发展的强大动力，也是人民群众的迫切愿望。这几年，"双创"对于扩大就业、促进新经济发展、支撑新旧动能转换发挥了关键作用，是供给侧结构性改革的重要举措。现在，"双创"仍有很大发展空间，群众和企业参与的积极性很高，各地区各部门要因势利导，主动服务、跟踪服务，及时解决遇到的困难和问题，努力营造良好的就业创业环境。同时，要加大对企业减税降费力度。落实好已出台的小微企业所得税优惠、固定资产加速折旧、阶段性降低"五险一金"费率等政策。从 2015 年 5 月份开始全面推开营改增试点，衡量这项改革的一个重要标准，就是要确保所有行业税负只减不增，确保小微企业特别是其中的"双创"企业税负总体上只减不增。此外，各地也要结合实际，出台支持"双创"的减税降费措施。

二要着力提升公共服务供给效率。目前我国公共服务总体供给不足，结构不尽合理，需求和潜力都很大。要坚持普惠性、保基本、均等化、可持续的方向，加快完善基本公共服务体系。增加基本公共服务，要创新机制，推广政府和社会资本合作（PPP）模式，调动社会各方面参与积极性。对于群众多层次、多样化的非基本公共服务需求，应主要通过市场和社会来满足。要放开服务业市场，大力发展民办教育、医疗、养老等服务业，发展文化体育产业，多渠道提高公共服务共建能力和共享水平。这样不仅可以形成公共服务供给新机制，提高供给质量和效率，也能直接带动投资和消费，助力打造经济增长新动能。

三要着力提高政务服务效率。政务服务涉及各类市场主体和千家万户，群众、企业打交道最多。要简化优化服务流程、创新服务方式，让企业和群众办事更方便、更快捷、更有效率。要依托各级政府的"互联网+政务服务"，打造政务服务"一张网"，把实体政务大厅、网上政务平台、移动客户端、自助终端、服务热线结合起来，实行线上线下一体化运行，让企业和群众打个电话或点下鼠标，好多事就能得到回应和解决。

5. 确保改革举措落到实处

深化简政放权、放管结合、优化服务，与政务公开、促进公平、提高效率三个方面是紧密相连的。政务公开是简政放权取得实效的重要基础，促进公平是放管结合的重要准则，提高效率是优化服务的重要衡量标准。最终，是通过持续推进行政体制改革、也是政府自身改革，实现政府职能转变和效能的不断提高。

"放管服"是一场牵一发动全身的深刻社会变革，意义重大，任务艰巨。上下同欲者胜。各地区各部门要按照党中央、国务院统一部署，切实增强责任感、使命感和紧迫感，以背水一战的决心、大道至简的智慧，勠力同心，坚决把这场改革深入向前推进。

继续以壮士断腕的勇气深化改革。"放管服"改革实质是政府的自我革命，要削手中的权、去部门的利，放权于市场和社会，让利于群众和企业。现在改革已进入攻坚期，将更多涉及长期形成的利益格局的调整、权责关系的重塑、管理模式的再造、工作方式的转型。

以工匠精神组织实施改革。"放管服"改革涉及面广，哪一个重要方面、哪一个重点环节出问题，都会影响改革的成效，必须加强领导、统筹谋划、周密组织。各地区各部门要把这项改革放在突出位置，主要领导要亲自抓。各地、各部门要对照党中央、国务院要求，结合各自实际，聚焦突出问题，抓紧制定具体实施方案，逐项细化"施工图"，倒排时间表，拿出实招硬招，一项一项抓落实。充分发挥各级政府推进职能转变协调机构的作用，加强统筹协调和指导，及时研究解决工作中的新情况、新问题。同时，要加强对改革进展的督导，好经验要及时推广，发现的问题要抓紧解决。坚持运用法治思维和法治方式推进改革，抓紧清理废除不再适用的政策性文件，涉及法律法规需要修改的，要同步系统提出修订意见和建议，按程序加快修法，做到改革于法有据、依法推进。

鼓励地方积极探索创新。我们国家幅员辽阔、各地情况千差万别，深化改革的重点难点不尽相同，必须因地制宜。改革开放以来，很多改革举措都是从地方先做起来，积累经验后再推开的。像商事制度改革、"双随机、一公开"抽查，最先都是地方基层探索开展的。要大力鼓励地方从实际出发，创造性地开展工作。特别是各地的自贸试验区、综合配套改革试验区、自主创新示范区、经济技术开发区、高新技术产业开发区等，要先行先试、敢闯敢试，当好改革"排头兵"、打造改革"新高地"。

严格责任落实和督查问责。多年来，我国建立了一系列工作责任制，像"米袋子"省长负责制、"菜篮子"市长负责制，安全生产属地责任和行业责任等，但有些还没有完全得到落实。因此，要把落实工作责任制作为转变政府职能、提高效能的重要任务来抓。对《政府工作报告》确定的重点改革任务、重要政策举措、重大项目建设和民生工程，都要明确落实责任。

充分调动广大政府工作人员积极性。李克强总理在 2016 年《政府工作报告》中讲："中国改革开放 30 多年的辉煌成就，就是广大干部群众干出来的"，引起了代表委员的强烈共鸣。做好政府工作，落实各项改革发展任务，关键在干部。现在，一些干部中确实不同程度存在着懒政怠政、消极敷衍等现象或者说不作为问题。要针对干部思想认识上存在的这样或那样的问题，深入细致地做好思想教育工作，让干部放下包袱，让他们愿作为、敢担当。要加强干部学习培训，提高工作能力和水平，让他们会作为、善作为。对于现实中一些不科学、不合理、束缚干部干事创业手脚的条条框框，也要根据实际情况做出调整，把干部的积极性、主动性充分调动起来。同时，要关心爱护干部，进一步健全正向激励机制，保障好履职所需的工作条件和合理的收入待遇，帮助解决实际困难和问题，让他们把主要精力放在抓改革、促发展上，兢兢业业做好本职工作。

三、供给端发力，企业新经济"破茧成蝶"

2016 年，我国国民经济运行总体平稳、稳中有进，经济运行保持在合理区间，积极变化不断累积，"十三五"实现良好开局。实现"十三五"目标和任务，保持经济稳定运行非常重要，但决胜"十三五"、全面建成小康社会，关键要在提高供给体系的质量和效益上迈出实质性步伐，真正提升经济的含金量。

数据显示，2016 年前三季度国内生产总值同比增长 6.7%；城镇新增就业超过 1000 万人。与此同时，产业结构继续升级转型，第三产业增加值快于第二产业；战略性新兴产业、高技术产业和装备制造业增加值增速均高于规模以上工业。

然而，挑战和风险依然巨大。当前经济平稳运行的基础还不稳固，总需求低迷和产能过剩并存的格局并未改变，供给侧、结构性、体制性矛盾仍然突出。中央财经领导小组第十三次会议强调，当前我国经济发展中有周期性、总量性问题，但结构性问题最突出，矛盾的主要方面在供给侧。

经济学家认为，当前经济下行的原因主要不是周期性的，而是结构性的，因而不可能通过短期刺激政策实现经济反弹，必须通过供给侧结构性改革，重塑经济发展动力，为经济持续健康发展创造条件。但另一方面，我国经济体量巨大，如果在增速换挡中出现惯性下滑，就很难止住甚至可能出现失速局面。因此，要使经济运行在合理区间，在结构调整和动力转换基础上实现中高速增长。

经济结构和经济总量是相互联系的两个方面。结构优化有利于推动经济总量持续、快速增长；质量高、效益好的总量增长，则有利于减轻结构调整的阵痛，为结构持续优化营造良好的宏观环境。

"当前要在适度扩大总需求的同时，着力加大供给侧结构性改革的力度，以提高供给体系质量和效率，加快培育新的发展动能，改造提升传统比较优势，着力优化结构，增强经济持续增长的新动力。"中国（海南）改革发展研究院院长迟福林说。

2015 年中央经济工作会议提出，抓好去产能、去库存、去杠杆、降成本、补短板五大任务。2016 年，围绕五大任务，相关政策措施逐步出台，供给侧结构性改革攻坚持续向纵深推进。

分析人士指出，当前推进供给侧结构性改革，必须在推动发展的内生动力和活力上实现根本性转变，这要求塑造更多依靠创新驱动、更多发挥先发优势的引领性发展。

经过改革开放 30 多年的努力，我国经济总量已跃居世界第二，但不少领域"大而不强、大而不优"的问题依然突出。经济进入新常态，无论是为经济迈向中高端提供新动力，还是应对人口老龄化、消除贫困、保障人民健康和国家安全等风险挑战，或是建设天蓝、地绿、水清的美丽中国，都要依靠创新闯出发展新路子。

党的十八大以来，创新驱动成为国家发展的核心战略。"十三五"规划建议提出"创新是引领发展的第一动力"。创新，成为中国在新的历史起点上再度出发的新引擎。从体制层面上说，要发挥好市场和政府作用。一方面进一步推进简政放权、放管结合、优化服务；另一方面放宽市场准入，深化国有企业改革，打破地域分割和行业垄断，促进生产要素有序合理流动。

发展新经济，归根到底还是要把亿万群众和万千企业的积极性调动起来，不断激发创业创新的活力，成为中国经济增长的不息动力。面向未来的创新，需要政府和市场两个引擎：一方面继续营造有利于创新发展的政策环境，包括改革现行财税、投资、金融等政策，完善知识产权保护，进一步打破垄断促进竞争；一方面发挥企业的创新主体作用。

放眼全球，国外许多大公司都建有完备的研发机构，不少企业每年有三分之一的新增销售收入都来源于新研发的产品。从长远的发展来看，只有提升企业自身的研发能力，才能实现产业的可持续发展。全国人大常委会委员、经济学家辜胜阻认为，政府要通过建立和完善一整套支持企业创新的财税、金融、人才和法律制度体系来扶持企业自主创新，将自主创新的"国家意志"变为"企业行为"。在自主创新过程中，企业应是自主创新的主体；政府是自主创新的重要参与者；大学科研院所是自主创新的重要源头；社会中介组织是自主创新的桥梁和重要协调者。

由此可见，科技创新是一个民族进步的灵魂，也是一个国家可持续发展的源泉。发挥科技创新的后劲，还需要政府、企业、科研院所等多方的共同努力。

华为，这个从深圳走向全世界的企业，其发展的过程就证明了企业不断创新的力量。

"华为的战略目标定位在大数据传送领域，28 年只对这一个'城墙口'冲锋，草创时是这样，发展到 17 万人还是这样。" 华为董事长任正非如是说。

从 28 年前靠集资的 2.1 万元起步到如今成为世界通信领域的王者，华为靠创新造就了奇迹。2015 年，全球制造业向下滑行，华为却强劲增长：全年营业收入 3950 亿元，同比增长 37%；利润 369 亿元，同比增长 32%。

"创新才有出路。我们每年 1000 多亿元的'弹药'中，研发近 600 亿元、市场服务五六百亿元，炮轰这个'城墙口'，最终领先世界。"任正非说。

创新，才有出路，才能实现从跟跑到领跑的转变。一个企业如此，一个地区、一个国家同样如此。

翻开深圳 2015 年经济成绩单，GDP 增长 8.9%，比全国高出 2 个百分点，公共财政收入增长 30.2%，大大高于全国平均 8.4% 的增速。今年一季度，全市生产总值同比增长 8.4%，公共财政预算收入增长 29.6%。

在全国经济下行压力下，深圳缘何能实现稳中有进、稳中有好的"逆增长"？科技创新成为"破茧成蝶"的第一驱动力。放眼整个深圳，又何尝不是如此？

两组数据，折射出充满活力和后劲的深圳：

——全社会研发投入占全市 GDP 比重达 4.05%，世界范围内只有以色列和韩国超过 4%；

——每万人有效发明专利拥有量 66.2 件，是全国平均水平的 16 倍。

在全国经济保持中高速增长的情况下，深圳实现动力转换。创新，成为这座城市最亮的颜色！近几年，深圳每年固定资产投资体量一直在 2000 亿元左右徘徊，仅相当于中部二线城市的规模；2015 年，深圳固定资产投资虽有所增加，但和 GDP 总量比值只有约 18%，远低于 81% 左右的全国平均水平。如果将投资比作"输血"，那么深圳经济已具备"自我造血"功能。

3 个 90% 和 3 个 70%，折射出动力转换后的新深圳：

——深圳 90% 以上研发机构在企业，90% 以上研发人员在企业，90% 以上发明专利出自企业；

——先进制造业占规模以上工业增加值比重达到 76.1%，先进制造业和现代服务业占 GDP 比重超过 70%，现代服务业占服务业比重近 70%。

"十二五"期间，深圳主营业务收入超过百亿元的企业由 38 家增至 65 家，超千亿元企业由 2 家增至 8 家，增强了经济持续发展动力。

"深圳代表着一种全新经济形态，一些衡量传统经济的指标已无法用来解释深圳的发展。"深圳市创新发展研究院理事长张思平说，深圳呈现出创新型经济的显著特点，经济发展主要依靠科技创新和结构调整，而不是铺摊子、上项目。

供给端发力，机会不只在大企业，也给了众多中小企业和有好点子的创业者"天赐良机"。相信大部分人，都在网上买过农产品，京东到家、水果拼团等，不仅解决了出门买生鲜的不便，还提高了供应效率，降低了市场价格，甚至塑造了互联网农产品品牌，让曾经"酒香巷子深"的农产品，展现出独特的魅力。

同样是橙子，一斤售价不过 3 至 5 元，"褚橙"却卖到超过 12 元；同样是猕猴桃和苹果，3 公斤的"柳桃"价格达 168 元，3 公斤"潘苹果"价格达 88 元，远超同类产品。近年来，以"褚橙、柳桃、潘苹果"为代表的人格化农产品品牌走俏互联网，刮起一场农产品电商风暴。

为何"褚橙、柳桃、潘苹果"广受网民追捧？隐含在水果背后的故事化营销手段和人格化品牌塑造是关键所在。

2002 年，曾经的"中国烟草大王"褚时健二次创业，在哀牢山深处承包了 2400 亩荒山种冰糖橙。2012 年，85 岁的褚时健进京卖橙，"褚橙"的名声不胫而走。柳传志以个人名誉为联想集团农业板块生产的猕猴桃"背书"，潘石屹为家乡甘肃天水的苹果代言……以知名企业家冠名的农产品打上了鲜明的个人烙印，不仅以个人和企业信誉向消费者担保产品的品质和安全，并赋予其奋斗、励志、良心等人格化内涵，以至于不少网民调侃，"哥买的是水果，吃的是精神"。

我国地大物博，农产品丰富多样，涌现出许多地域性特色农产品品牌，如阿克苏苹果、吐鲁番葡萄、莱阳梨、赣南脐橙等。"褚橙、柳桃、潘苹果"等产品跳出地域范畴，开拓出具有丰富内涵的人格化农产品品牌，展现出生鲜农产品"拥抱"互联网后激发出的巨大活力。

与图书、服装、3C 电子产品（计算机、通讯和消费电子产品）一样，农产品正成为电商企业激烈角逐的领域。同时，生鲜农产品对冷链保鲜、物流配送的要求，也在倒逼整个产业和供应链的转型，催生出冷链物流、时鲜配送等细分行业。

除了塑造农产品电商品牌，互联网的加入也为消费者和生产者架起了桥梁。在团购电商上，"爱心助农，胶东苹果滞销盼共伸援手"的字眼比比皆是，信息的公开透明也在使过去囤货惜售、炒货滞销等现象逐步消失。

书记当起网红，利用网络直播销售当地特产，就是一个案例。

2016 年 6 月 7 日，山东省栖霞市西城镇党委书记徐海勇在国内第三大移动社交软件陌陌旗下的哈你直播当上了主播，为栖霞市首届大樱桃电商节做起了宣传。

他的出现，立刻引爆了哈你直播的直播间，一开播就引来了数万网友的围观。有网友说，没想到党委书记也这么时尚。也有网友调侃说，连党委书记都要当网红了，也是蛮拼的。大家也通过发送弹幕提出了各种有趣的问题与徐书记进行互动，例如徐书记为什么要来直播，当地大樱桃电商节的情况、栖霞樱桃的特点等。

徐海勇在直播中说，栖霞大樱桃在全国知名度很高，但樱桃季节只有一个星期，每年都会有大量的鲜果无法及时售出。而通过直播，不仅解决了农民销路难的问题，也让用户可以第一时间吃到最新鲜的樱桃。为了证明樱桃是不打农药的，他还在直播中把樱桃从树上摘下来直接塞在嘴里吃。

对于自己的直播初体验，徐海勇感觉既新鲜，又有点紧张。他希望通过直播这种当下最受年轻人欢迎的互动形式，让大家更好地了解栖霞大樱桃，也希望给栖霞大樱桃赋予年轻、时尚的感觉。有不少网友在直播中就表示，这种直播的形式让他们觉得很有趣，对栖霞大樱桃也留下了深刻的印象，甚至有网友一边看直播，一边就在电商平台下单了。"只要能让栖霞大樱桃的品牌被更多人知道，农民可以增收，我愿意当'网红'。"徐海勇说。

从供给端发力的新经济并不局限于那些高大上的技术。新经济，从一件衣服、一餐饭中就能体现。

随着工艺的改善和生产方式的革新，"私人订制"正在走下神坛，来到每个消费者之间。而基于个性化消费的柔性供应模式，也在工业生产中铺开来。比如，青岛红领集团，就扮演着流水线上的"私人裁缝"。

在青岛服装企业红领集团，繁忙的工厂流水线却像"私人裁缝"，为世界各地消费者"量体裁衣"。

红领集团 1995 年成立时以服装代加工起步，2003 年开始转型之路，专注于服装个性化定制。去年，红领互联网服装定制业务量、销售收入和利润增长均超过 100%，而 70% 以上的定制服装订单来自欧美。

那到底是什么样的互联网服装定制能在国际大牌云集的欧美市场俘获消费者的心？

工作人员先将笔者带到了一辆大巴车上，车内装饰精致，除了几台计算机工作台，核心是一个量体空间。工作人员告诉记者，消费者换上一次性紧身衣，站到有 LED 灯的位置上，保持标准站姿一两秒钟，系统即可获得消费者 19 个部位的 22 个数据。据悉，红领将在全球投放 3000 辆这样的量体大巴车。

除了量体的便捷，量体产生的数据也会实时传送给红领的总部进行打版。依托这种先进的生产模式，红领的定制效率大幅提升。产量每天可达 1500 套，同品质定制西装的价格仅是国外品牌的三分之一至五分之一。

不只是红领，也不仅仅是在定制环节。当前，柔性供应的概念已经深入到工业的各个领域，产业的各个环节。

比如，工业互联网就依托网络平台，解决好供应链问题，提高生产效率。

在近几年的服装圈，有这样一个企业火了起来。帮服装企业找最经济的面料辅料，帮供应商对接最合适的买方，让链尚网找到了发展的新空间，也让产业的供应模式发生了变化。

当下，供应链陈旧，中间环节多，成本逐年增高的问题正制约着服装业的发展。对于面辅料市场而言，传统的现货购买模式存在低效且繁杂的问题。需要固定人员到线下的轻纺城等供应商集中的市场去寻找合适的面辅料，而企业采购或设计师很需要花时间泡在市场里才能找到合适的面料，对于稀缺的国外进口面料，找料及交易则更难。

此外，中国服装制造产业传统的经营模式已经不再满足当前的消费结构。排浪式的消费一去不复返，个性化定制，款多、量少、快销成为主流。对于传统企业而言，如何运用互联网工具，解决好供应链问题，已经成为迫切需要解决的问题。

减少中间环节，提高效率需要在面料供应上做文章；支撑消费结构转型，制作出更多个性化的服装也需要面料的供应更加精细化，能够快速响应市场变化。

链尚网创始人赵俊浩发现，将线下的面辅料全面整合到线上的平台进行交易，不仅可以让数以万计的设计师更快捷方便地实现作品成就自己的梦想，更可以促进国内外整个服装行业供应链的运转，而这种良性的供应链循环将重新解构中国服装产业，并使得产能过剩的服装产业能够合理调动资源，进而用更合理的成本创造更大的产业价值。

面辅料供需的互联网化，直接去除中间层，在设计师与面料生产商之间建立高效连接。作为在线的 B2B 交易平台，链尚网整合时尚制衣业线上线下各环节，链接供应商和采购商，让找料和交易环节更方便快捷，有效缩短了面辅料供应商和需求方之间贯通的中间环节，降低了生产成本。另一方面，链尚网的货源渠道遍及全球各个重要产业中心，旨在实现"足不出户、全球采购"。

有数据显示，目前面辅料的国内供应商统共 4 万家，每年完成的线下交易额高达 3800 亿元，而线上交易额则不到其零头，仅为 206 亿元，占到全部面料交易额约 5%。

而短短几个月，链尚网平台不仅已集合国内外面料商 1 万余家，还囊括国际面料商 800 多家，涵盖法国、意大利、韩国、台湾等重要时尚服装产业中心，并与米兰、纽约及上海、北京等国内外时装周合作。

赵俊浩说，未来，还将通过搭建设计师工作室、面料展示空间、打版制衣空间等方式，邀请大批面辅料生产商和设计师入住，打造创业孵化基地。

正如互联网可以便捷人们的生活一样，互联网也可以为工业企业提供供需对接、信息共享以及产业链配套服务。以更公开透明的方式为企业寻求到适合的供应商，提供包括创意、设计、制造、投资等全产业链的服务。和服装业一样，在工业诸多领域，都通过这种模式，展现出新的活力。

中国航天科工集团打造的航天云网就是构建起以工业互联网平台服务为基础、以生产性服务为桥梁、以智能制造服务为核心、以大数据服务为支撑的"互联网+智能制造"产品服务体系。

中国航天科工集团公司董事长高红卫说，航天云网核心价值是建立起一个完善的"生态系统"，让散落在社会上的千万个创新创业者很方便地找到他们所需要的创新创业资源与环境；让固化于千万个企业中的同质化资源进行网上横向整合，挖掘资源利用的潜力；让有志于垂直整合的行业领军企业在网上找到心仪的合作对象；让渴望冲出国门的企业和企业家在网上找到一条更容易"走出去"的绿色通道。

"航天云网重点发挥航天科工产业门类全、涉及领域广的优势，为制造企业用户提供包括创意、设计、制造、投资等服务，形成一个'生产性服务超市'，既能实现网上企业资源共享、能力协同，又为这些企业提供可交易的机会。"高红卫说。

登录航天云网，让北京星空建腾电子科技有限公司找到了合作伙伴，也降低了成本。

"航天云网的建设让我感受最深的，就是提供了民营企业进入军工行业的平台。"星空建腾电子科技有限公司的董事长蔡磊说，在这个大平台上，能看到客户真实的需求，通过比价议价，公平公正公开的方式进行生产和销售。

蔡磊向笔者介绍说，2016 年初，他们通过航天云网认识了很多客户，公司贸易代理额比去年增长了 30%，预计公司全年销售额有望比去年增加 30%至 40%，自主产品的意向销售数值增长有望达到 50%左右。现在，公司已和航天科工集团在某些产品型号上达成合作协议，公司效益增长有望步入快车道。

在航天云网"云制造"平台，需求方可以免费发布需求，从超过 4 万个服务商中优中选优，找到心仪的服务商；服务供应方可以发布服务能力，浏览研发设计、生产加工、试验、计量检测、产品等各类需求热点。

2016 年，航天科工所属单位在航天云网集中发布采购需求信息，覆盖金属、装备、电工、电子等制造行业。4 月初，航天科工集团率先在航天云网平台上发布了 430 亿元协作采购需求，以需求牵引上下游企业，运用互联网思维寻求价格更低、质量更优的供应商，提高资源配置效率。

中国工程院院士李伯虎说，互联网与制造技术的深度融合，正引发制造模式、流程、手段、生态系统等重大变革。有利于打造新型制造体系，加快形成经济增长新动能以及精准、高效的供给体系，推动产业提质增效、迈向中高端。

工业互联网作为新一代信息技术与工业系统全方位深度融合的产业和应用生态，已成为各主要工业强国实现智能制造、抢占国际制造业竞争制高点的共同选择。我国正处在结构调整、动能转换的关键时期，制造业数字化、网络化、智能化步伐不断加快，与互联网的融合程度日趋深化。一些工业企业主动实践基于工业互联网的新型生产方式，一些互联网企业加快向制造业设计、服务等领域拓展，部分基础电信企业、软件服务企业则加大了为工业企业提供综合解决方案的力度。这些都将有力地促进制造业供给侧结构性改革，提升工业发展的质量和效益，也为各类企业的创新发展、转型发展创造出无限的商机、开辟新的蓝海。

四、万众创新，"想象力"也能变财富

"互联网+"浪潮正在激荡全球，每天，世界的每个角落，都会冒出新的创意和想法。这其中，说不定哪个就会在未来改变人类的命运。在万众创新时代，"想象力"也能变成巨大的财富。

党的十八届五中全会提出，实施"互联网+"行动计划，发展物联网技术和应用，发展分享经济，促进互联网和经济社会融合发展。当前，已经有不少传统产业被"互联网+"重塑甚至颠覆。即使最传统的农业，也正在经历着创新的洗礼，悄然之间经历着变迁。

1. 新农业，猪也可以"联网"

人们都说，站在互联网的"风口"上，就算是只猪，也能飞起来。现实中，猪虽然没真的飞到天上，但"猪联网"倒是先实现了。

从新石器时代开始，华夏先民就开始养殖猪。历经几千年发展，到了 21 世纪，我国养猪业依然养殖规模分散、标准化水平低、疫病多发、信息监测预警调控滞后。不仅如此，中国养猪人分散在全国各地，他们不仅要伺候好猪，还要和饲料商、疫苗商、猪贩子、屠宰场、金融机构等打交道，方方面面牵扯的精力很多，饲养水平更是天差地别。

而当下，互联网正凭借信息资讯公开、交易成本降低、促进专业化分工和劳动生产率提升的特质，为传统而闭塞的养猪业带来变革契机。

走进位于北京中关村的大北农农信互联公司，清新的绿植点缀着明亮的办公空间。如果不是无处不在的"蠢萌小猪"提醒着你，你可能已经忘了这并不是一家典型的互联网企业，而是与猪业务有关的农业公司。在这里，一个名为"猪联网"的项目正在吹皱传统养猪业的一池春水——打破单打独干的传统养猪模式，变万家猪场为一家猪场，将与养猪相关的资源统筹起来与天下养猪人共享。

PSY——母猪年均提供断奶仔猪数，这是衡量养猪业生产效率的重要指标。在我国，这一指标一直在 17、18 头上下徘徊，而国外先进水平能达到 25 至 26 头。如何提升不同养猪场的养殖效率，"猪联网"就从解决规范化管理

水平入手。以母猪为例，将母猪的基本信息存入猪联网系统，何时待配、何时妊娠、何时分娩、何时断奶、何时免疫都有精准的提示，养猪不再只是单凭经验，更靠科学。

河北邯郸的养猪人吴群有三个猪场，以往常常来回奔波的她早已感受到"猪联网"的便捷。"无论你在哪里，只要有一部手机，就可以远程操控猪场。每天吃了多少饲料、何时用了多少药品、生产了多少仔猪，都有个准确的数据在心里。"

而如果猪场加装了物联网设备，甚至可以按照计算机设计好的喂养方案自动投喂饲料，进一步解放生产力。

更重要的是，通过"猪联网"，猪的一生将被详细记录在案。在食品安全日益受到关注的今天，可追溯的猪联网系统将给消费者更多安心和保障。

除了养猪生产流程的巨大改变，"猪联网"让卖猪也更加便捷。打开手机里的"生猪地图"，哪个养殖场有几头出栏生猪一望便知，历史饲养记录、健康状况等信息一目了然，大大提高了生猪交易过程的透明度，中间环节成本也大为降低。互联网正在重塑养猪业的各个生产流程，提高养殖效率。

除此之外，在市场环节，互联网的引入还有助于产销结合，信息公开透明。猪价上涨、母猪存栏增加、生猪供应增加、猪价下跌、大量淘汰母猪、猪价上涨——"猪周期"的不断循环是我国无序养殖的典型体现，其根源正是产销脱节，市场信息监测预警不充分。

随着"猪联网"覆盖的猪数量与日俱增，将构建起庞大的"猪数据"，从中挖掘出包括全国生猪流向、存栏量、猪价走势趋势等等，可以帮助养猪户合理的控制养殖规模，精确选择出售时机。

不仅如此，"猪联网"积累的数据，还可以挖掘出不少掘金机会：把前端的饲料、原料、疫药、设备供应商整合进农资商城，就是农产品互联网电商；依托猪联网积累的数据形成养猪人的征信报告，"有多少猪、给多少贷"，又给了"猪金融"极大的发展空间；甚至买猪卖猪都可直接用货币基金份额交易，无须赎回。

养猪可以有"猪联网"，种田也可以有职业经理人。现代企业中，常常聘用职业经理人负责企业的经营管理。而现在，这个词汇不再是二、三产业的专属，种田农耕，也有了职业经理人。如今，在成都，田间地头也活跃着一个职业。

"农业职业经理人的出现，其实是被无人种田的困境逼出来的。"第一批"吃螃蟹"的杨柳农村合作社职业经理人周维松说。他回忆道，这些年农村劳动力大量进入城市，懂种田、愿种田、能种田的农民越来越少，但是田不能撂荒，于是，就请人来种田。

和土地流转给经营业主不一样，土地股份合作社是农民当家做主，请谁来种、种什么、怎么种都是和农民们一起开会商量的。

据了解，合作社与农业职业经理人签订聘用合同，一般拿出年利润的 20% 作为报酬。加入合作社的农民们得以从日复一日的田间劳作中"解放"出来，通过外出打工增加收入。而在有头脑、有技术的农业职业经理人的经营下，土地产值逐年增加，形成合作社、社员、职业经理人三方共赢的局面。

以杨柳农村合作社为例，2013 年社员全年每亩分红 897 元，通过外出打工户均增加工资性收入 6000 元左右，而职业经理人获得的酬劳则超过 10 万元。

目前，成都市已有农业职业经理人 7903 名，在现代农业中大显身手。尤为可喜的是，原来的职业经理人多为村干部或种粮能手担任，近年来自不同行业的人逐渐增多，特别是有不少大学生加入种田行业，合作社变得越来越有活力。

一个转变就能激活一池春水。随着农业生产经营主体从分散的家庭转移到种粮大户、农业职业经理人、合作社等，工业生产中常见的专业化分工也在农业领域悄然出现，逐步形成了完善的农业公共服务体系。

走进崇州市桤泉农业综合服务站，这里除了提供动植物疫病防控、农技推广等常规服务外，还有一个农业服务超市，这里提供的服务包括：水稻田大马力拖拉机机耕 65 元 / 亩、人工打药 5 元 / 壶、收割麦类 60 元 / 亩……

原来，依托着农业综合服务站，一家企业在此开设了"一站式"社会化服务，提供农业技术咨询、农业劳务、全程农业机械化、农资配送、专业育秧（苗）、病虫统治、田间运输、粮食代烘代贮、粮食银行等多种服务。这样的服务契合了土地股份合作社及土地规模经营业主对耕、种、管、收、卖等环节的多样化服务需求，受到广泛欢迎。目前，成都市类似的农业社会化服务机构达 3932 家。

与此同时，农业金融服务也在深入推进。成都市面向农村开展了产权抵押融资、小额贷款等金融服务，农业政策性保险逐步完善，险种达到 18 个。新津县普兴镇柳江村以万亩蔬菜产业基地闻名，68 岁的村民刘德兴告诉记者，2015 年莴笋价格暴跌，最低时一斤只卖几分钱，由于提前购买了蔬菜保险，他最后获得了每亩 900 元的理赔。

2. 炫科技，解开未知世界的 N 次方

"阿尔法狗"与李世石的围棋大战刚落下帷幕，人们还在为人机"脑力比拼"争论不休时，人工智能的另一应用无人车，已缓缓"驶来"。

2016 年 4 月 12 日至 17 日，中国自主汽车品牌长安睿骋两辆无人驾驶轿车从重庆出发，途经四川、陕西、河南、河北后抵达北京，行程近 2000 公里。

春风得意车行疾，一日看尽长安花。这是我国无人驾驶汽车首次长途路测，代表了我国自主品牌汽车在无人驾驶汽车研发领域的最新进展，也代表着中国汽车人追赶国外其他同行的志向。

无人驾驶给我们带来的，可不仅仅是酷炫这么简单。历史上，每一次技术的更迭，都带来产业的巨变，释放出巨大的空间。具体到无人驾驶上，谁有最先进的技术和最可靠的产品，谁就能掌握未来全球汽车市场的主动权和话语权。

曾几何时，在汽车产业，我们用市场换技术，结果技术没掌握，市场也丢了。无人驾驶，和新能源汽车一样，代表着一个全新的开始，我们和发达国家将站在同一起跑线上，共同角逐未来市场。有专家预测，未来 10 年是构建无人驾驶汽车发展战略的关键时期。全球无人驾驶汽车时代正在走近。作为全球汽车产销大国，我国迫切需要调适变革性技术创新带来的各种新要求和新挑战。

这个领域中，国外汽车和互联网巨头早就开始谋篇布局。有数据显示，谷歌无人驾驶汽车六年来累计行驶里程达 241 万公里；特斯拉无人驾驶汽车 6 个月内累计行驶里程达 7564 公里；沃尔沃将在 2020 年实现无人驾驶汽车量产；戴姆勒投资 2 亿欧元建自动驾驶测试和技术中心；日本丰田、本田和日产等车企抱团研发无人驾驶汽车……

美国电气电子工程师学会专家预计，无人驾驶汽车将成为最可行的智能交通工具。到 2040 年，无人驾驶汽车与全球上路汽车的占比可达 75%。美国麦肯锡咨询公司预测，无人驾驶汽车到 2050 年可以产生 2000 亿至 1.9 万亿美元的产值。

那么，决定无人驾驶最核心的技术是什么呢？是人工智能。

具体地说，"无人驾驶"靠的是"汽车大脑"，包括高精度地图、定位、感知、智能决策与控制几大模块。它可以收集行驶中的障碍物、路线等各种信号，指挥汽车沿着道路准确行驶。

近年来，我国一汽、上汽、广汽、比亚迪和长安等一批车企着手布局无人驾驶汽车产业，百度成立了自动驾驶事业部。我国人工智能技术发展到什么阶段呢？可以说，达到较为精准的实时语音识别和无监督学习。

以百度为例，2015 年底，百度硅谷人工智能实验室（SVAIL）开发出深度语音识别系统（Deep Speech 2），该系统能通过简单学习算法准确的识别英语和汉语，并且转录普通话片段的准确率有时可以超越人类。美国知名期刊《麻省理工科技评论》将语音接口列为 2016 年十大突破技术，百度最新研究成果 Deep Speech 2 位列其中。

在 2016 中国语音产业年会上，行业领袖、语音专家和业内人士一致认为：以语音和语言为入口的中国人工智能，取得了实质性突破，将在未来 3 到 5 年迈入人机交互、加速商用的时代。

《2015 中国智能语音产业发展白皮书》（以下简称"白皮书"）显示，中国智能语音技术发展正步入实际应用阶段。2015 年，中国智能语音产业规模达到 40.3 亿元人民币，较 2014 年增长 41%。2016 年，中国智能语音产业规模将超过 59 亿元。

　　白皮书显示，未来甚至整个操作系统都是以语音为基础的。而且，语音技术还会与触控、体感等操控方式相结合，创造出更人性化的交互体验。

　　和语音相辅相成的，是无监督学习。所谓的"无监督学习"，就是电脑能够独立吸收和理解数据，而不需要被告知明确数据含义。这个过程近似于人类的学习方式，并且这代表一个仍有待开发的、能够提高人工智能能力的途径。

　　也就是说，人工智能在"能说、会听"的基础上，还将实现"能理解、会思考"。而这，是人工智能最有价值的地方之一。

　　目前，百度、腾讯、阿里巴巴等科技企业，都在争相布局人工智能领域，并向移动智能终端、汽车、家居、客服服务、教育等应用领域渗透。

　　未来，人工智能还将带来怎样的惊喜？

　　"这次围棋比赛是人工智能发展史上具有里程碑意义的事件。"脸谱公司创始人兼首席执行官扎克伯格认为，虽然人工智能在图片识别、语言翻译等应用上采用的仍是数据分析的技术，能量依然有限，但未来5到10年将会取得巨大进展。

　　小米科技创始人、董事长兼首席执行官雷军表示，程序自身可以不断进行学习与提高，人工智能发展速度将会更快，资本和人才也将会大幅融入其中。"人工智能会给大家非常多的惊喜，在未来一年里会有各种各样的惊喜产生，让我们拭目以待。"

　　"人工智能"一词已被写入"十三五"规划纲要，我国未来将重点突破大数据和云计算关键技术、自主可控操作系统、高端工业和大型管理软件、新兴领域人工智能技术。

　　工信部部长苗圩表示，基于人工智能，还会形成包括硬件、软件、服务和内容在内的新生态，推动从"互联网+"发展到"人工智能+"。依托人工智能，将会催生更多行业，也会带动诸如汽车产业在内的诸多传统产业转型升级，撬开巨大的经济增长空间。

　　随着人类和机器之间的相互依赖将大大增强，没准，越来越多的"超级助理"和"私人助手"将被开发出来，帮你学习、无人驾驶、调度你的家居。

它们就像钢铁侠的超级 AI 管家——JAVIS，只要对着它说出自己的需求，它就可以帮你做任何事情。

和无人驾驶一样，还有很多炫科技，将解开未知世界的 N 次方。

比如，近些年，虚拟现实（VR）成为一个热词。通俗讲，VR 就是利用计算机技术，帮你实现"白日梦"。在此过程中，VR 技术会模拟出逼真的三维虚拟世界，并通过视觉、听觉等让使用者感受到身临其境的效果。

扎克伯格认为，VR 通过模拟环境，可以为用户带来非常好的体验效果，可能 5 到 10 年之后，VR 手机将会成为市场主流。

比如，信息技术在未来几年可能会为城市发展带来惊人变化。依赖大数据，传感器、摄像头、物联网等下一代信息技术，将推动智慧城市的发展进入一个新时代，通过智能设备与百姓生活需要的医疗、交通、环境等服务紧密联系起来，让城市里的每个人实现连通，这将是一种新的社会生态。

回顾历史上每一次的技术革命，不难发现，紧随其后的就是产业的更替和市场的开拓。当然，不是每个技术都能带来革命性的突破，但它所"创造"的也远非一个产品那么简单。

智能手机出来之前，没有人会想到，它会成为生活中最亲密的"伴侣"；4K 电视面世之前，人们无法想象在家看电影也能达到裸眼 3D 效果。创新，就是用这些"想不到"的技术，撬动人们"想不到"的需求，催生出经济增长的新支点。

当前，以基础科研等创新为驱动力，以关键领域产业化为助推，我国正在走向创新型经济。在新技术的带动下，我们将在人工智能、精准医学、新材料、脑科学等一批前沿领域持续发力，抢占技术革命的先机。

"十三五"规划纲要提出，提升新兴产业支撑作用。大力推进先进半导体、机器人、增材制造、智能系统、新一代航空装备、空间技术综合服务系统、智能交通、精准医疗、高效储能与分布式能源系统、智能材料、高效节能环保、虚拟现实与互动影视等新兴前沿领域创新和产业化，形成一批新增长点。

附录：当下热门炫科技一览

【骨科手术机器人】

医学领域的科技创新成果也是人们关注的焦点之一。我国自主创新的骨科手术机器人是国际上唯一能够开展四肢、骨盆骨折以及脊柱全节段（颈椎、胸椎、腰椎、骶椎）手术的骨科机器人系统。该系统在多模图像配准、机器人控制、患者实时跟踪和路径自动补偿等关键技术领域实现重大突破。通过骨科手术机器人开展手术，精确度达到 0.8 毫米，减少术中辐射 70%以上，提高手术效率 20%以上，并具有减少失血量和术中组织创伤等优势。目前，该系统已在十多家医院使用，累计手术超过 2000 例，相信将来会有越来越多的患者享受到这项先进技术所带来的便利。

【量子通信】

量子通信是利用光子的量子状态加载并传输信息。由于能保证用其加密的内容不可破译，量子通信是无条件安全的通信方式，具有安全性和极端条件下的可靠性两大特征。目前，该技术已应用于金融、政务、国防等重要领域。据了解，我国首颗量子科学实验卫星将于 2016 年 7 月择机发射，将在世界上首次实现卫星和地面之间的量子通信。京沪干线大尺度光纤量子通信骨干网将于 2016 年下半年建成，属世界首例。

【石墨烯】

石墨烯是目前已知最薄的材料，甚至薄到只有一个碳原子的厚度，应用它的显示屏可以薄得像纸一样。同时，它比金刚石还坚硬，"像衬衣一样的防弹衣"不再是天方夜谭。被许多专家称为"改变 21 世纪的材料"。

我国已于 2015 年出台《关于加快石墨烯产业创新发展的若干意见》，并在全球率先启动了石墨烯国家标准制定工作。我国是石墨烯研究和应用开发最为活跃的国家之一，不少企业已推出石墨烯产品，如石墨烯电子纸显示屏、石墨烯自发热内暖纤维等。

【柔性技术】

与石墨烯的坚硬相对应的，是柔性技术。当前，利用柔性技术，我国研发了全球最轻薄的、可直接用于智能终端等领域的彩色柔性显示器，其厚度仅为 0.01 毫米，不足头发丝直径的五分之一。

柔性技术，还可以用于研发可卷曲键盘。未来，柔性技术将会被用于电子产品的各方面，手机不仅可以缠在手腕上，还可以弯曲折叠。电脑和电视也会变得轻薄柔软，可随身携带，甚至可以像画一样卷起来。

【太赫兹技术】

太赫兹是指频率为 0.1 到 10THz、波长在 0.03 毫米到 3 毫米之间的电磁波。深圳华讯方舟股份有限公司（华讯方舟）创造性地发明了"微波+特殊WiFi"的系统技术，作为移动宽带网络解决方案。在太赫兹领域，该公司是世界唯一拥有三种方式获得太赫兹源的企业，技术处于全球领先地位。

未来，利用太赫兹技术，我们可以让卫星宽带的费用比地面宽带更低。让带宽像空气一样弥漫整个世界，让信息在全球每个角落都能自由安全畅通。

【无人机】

深圳市大疆创新科技有限公司（大疆科技）2006 年成立至今不过 9 年，员工平均年龄仅 26 岁。但这家公司年销售额正以 3 倍到 5 倍的速度递增，其消费级无人机产品占据全球约 70%的市场份额，其中八成客户来自欧美。

目前，第四代无人机"精灵"还新增环境感知与避障、视觉追踪、指点飞行等功能。大疆无人机已成为"创客"文化的成功典范，甚至还被外媒视为中国从廉价制造转向创新模式的代表。

据深圳海关统计，2015 年深圳出口无人机 30.9 亿元人民币，比 2014 年猛增 7.2 倍。

著名的《经济学人》杂志将大疆"精灵"系列列为全球迄今为止最重要的机器人产品之一，美国《时代》周刊将"精灵"的第二代产品评为年度十大科技产品。不少业内人士判断，随着无人机与传统产业的不断融合、迸发"新供给"，无人机将为中国经济"插上翅膀"。

艾瑞咨询近日发布的《2016 年中国无人机行业研究报告》提出，我国小型民用无人机市场步入快速成长期，预计到 2025 年，我国无人机市场总规模将达到 750 亿元，年均增速有望超 50%以上。

【无创产前基因检测】

无创产前基因检测，主要用于排查唐氏综合征等胎儿染色体非整倍体疾病。该测试利用新一代 DNA 测序技术对血浆中的胎儿游离 DNA 片段进行测序，判断腹中胎儿染色体非整倍体疾病的风险率。目前，无创产前基因检测的费用控制在千元人民币以下。

【基因编辑技术】

不久前，中国科学家韩春雨发现新型基因编辑技术，与此前的基因编辑技术相比，这项技术"更精确、效率更高"。有业内专家评论说，这是我国首个"中国创造"的尖端生物技术，打破了国外基因编辑技术的垄断，研究水平可比肩国际一流大学同领域。这项技术未来可能用于微生物、植物和动物的精准基因改造，以及乙肝、艾滋病或一些遗传性疾病的"基因治疗"。

第四章　让"新经济"形成
新的"S 型曲线"

　　2016 年 4 月 15 日，李克强总理来北京大学国家发展研究院考察，国家发展研究院名誉院长林毅夫向总理介绍了"新经济指数"这一最新研究成果。指数显示，我国在传统经济复苏之前，新经济最近表现非常活跃。李总理提到管理学、经济学中的"S 型曲线"理论：当旧动能增长乏力的时候，新的动能异军突起，就能够支撑起新的发展。

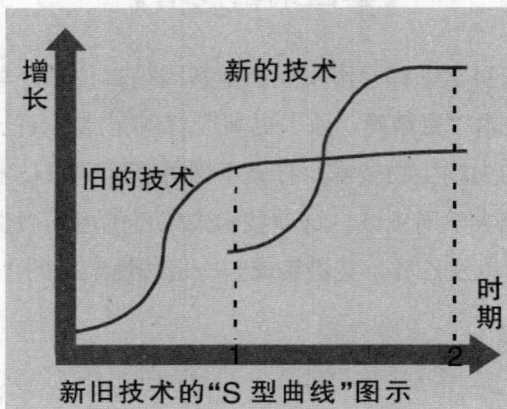

新旧技术的"S 型曲线"图示

如何理解李总理所说的"S 型曲线"理论呢？

经济学者认为，所谓"S 型曲线"理论，就是指每一种技术的增长都是一条条独立的"S 型曲线"。从上图中可以看出，一个技术在导入期技术进步比较缓慢，一旦进入成长期就会呈现指数型增长，但是技术进入成熟期就走向曲线顶端，会出现增长率放缓、动力缺乏的问题。而这个时候，会有新的技术在下方蓬勃发展，形成新的"S 型曲线"，最终超越传统技术。在两条曲线形成"十字交叉"时，就是新旧动能转换之时。因此，新旧技术的转换更迭，共同推动形成技术不断进步的高峰，从而带动"新经济"的发展。

"S 型曲线"理论对于当前我国新旧经济增长动能转换具有重要的指导和实践意义。

一方面，过去支撑中国经济增长的传统动能走向"S 型曲线"的顶端。改革开放 30 多年来，传统动能是驱动我国经济高速增长的主要动力。但是近年来，传统动能已经开始走向"S 型曲线"的"天花板"，正面临经济转型的"拐点"。如果我们再依靠"强刺激"来维持过去那样的经济高速增长，那么就只能导致投资收益递减，会造成更多的"僵尸企业"、产能过剩、技术退步等现象。而且，回溯发达国家经济发展的轨迹，也可以进一步验证"S 型曲线"理论，即传统动能发展到一定阶段必然会出现减弱，这是不可逆转的规律。

另一方面，在传统动能走向减弱的时候，需要一条条新的"S 型曲线"来驱动新动能异军突起，实现"新经济"的快速增长。如果在旧的技术下方有一条条新的很陡峭的"S 型曲线"，加大对新技术投入就能提供更持久的技术进步，实现投资收益递增，为经济增长带来新动能。

虽然目前我国一些传统经济部门出现调整，但是新技术革命带来的新动能正在驱动经济增长。2015 年第三产业增加值占国内生产总值的比重达到"半壁江山"；消费占 GDP 超过 60%，已经替代投资和出口成为经济增长第一动力。在产业经济发展方面，"互联网+"、物联网、云计算、电子商务等新兴产业和业态蓬勃发展；2014 年中国高新技术出口已经超过日本，中国制造的无人机、智能手机以及高铁都已在国际市场上具备竞争力，从事高科技制造业的企业数量也从 2000 年的不足 1 万家增至近 3 万家。

种种迹象表明，创新已经开始驱动"新经济"发展，中国经济正在经历一场脱胎换骨的"质变"。

"十三五"期间，我国如何走出一条条新的"S型曲线"来带动新旧动能转换成为我国经济发展的关键。为此，中国社会科学院数量经济与技术经济研究所副主任、副研究员郑世林提出了三点政策建议。

首先，解决"S型曲线"导入期市场失灵问题。根据"S型曲线"理论，在技术进步过程中，一项新的技术在导入期发展非常缓慢，面临着研发失败、市场失败、旧技术锁定等不确定性和风险。因此，政府对技术创新的"援助之手"不能采取"大水漫灌"方式。政府发挥作用应该在技术导入期，而不是快速成长期，更不是成熟期。由于技术进入成长期企业自然会盈利，政府再进入干预，只能造成企业不公平竞争，反而会抑制中小企业技术创新；技术进入成熟期，政府再进行扶持，更会造成旧技术锁定，延缓国家整体技术进步速度。因此，政府应利用财政、税收、金融等政策工具，通过项目补助、基金介入、税收减免、创新券等方式促进新技术快速进入成长期。

其次，着力营造创新驱动"新经济"发展的生态环境。一是打通国外知识产权转移到我国促进"新经济"发展的"高速公路"。目前全球最具创新能力的一些国家掌握了大量知识产权和技术，但是缺乏广阔的技术应用市场，而我国知识产权和技术应用市场非常广阔，因此，我国应加大违反知识产权法的惩处力度，塑造公民和企业的契约精神，建立国际信赖的诚信体系；二是打通高校和科研机构科研成果转化的"高速公路"，大力发展科技成果转化中介组织，实行科研人员入股分成的激励方式来调动科研成果在企业实现商业化的积极性；三是打通国有企业科研成果转化的"高速公路"。国有企业拥有雄厚的科研力量，但是由于激励不对称，科研人员创新的积极性不高，因此建议通过科研人员内部研发分成，以及科研人员外包科研项目分成等方式来激励科研人员创新，从而促进"新经济"发展。

最后，注重营造创新驱动创业的生态环境。一方面继续大力推动"简政放权""商事制度"改革，促进"大众创业、万众创新"。新和旧技术所形成的是两条"S型曲线"，一项新的技术出现，一般代表着一批新的企业实现创业成功。因此，这就需要政府营造优良的创新驱动创业的生态环境。政府不仅要减少新技术创业进入市场的行政审批手续和各种行政壁垒，还要对新生事物带有包容和欢迎态度，不要干预"新经济"对传统经济所造成的冲击。另一方面，通过供给侧改革营造创新驱动创业的"普惠阳光"。政府应该着力建设面向所有企业均等化的公共服务平台，实行普惠制减税降低创业成本，最大可能减少产业扶持政策，尤其是减少重点产业、主导产业、特色产业、重点企业等特殊照顾，形成市场决定企业成败的关键机制。

由此可见，中国经济发展到今天，正面临转型的阵痛期，再让传统动能继续保持过去那样的高增长，不符合经济规律。但只要我们坚韧地走过来，让"新经济"形成新的"S型曲线"，就会带动起中国经济新的动能。新经济不仅仅解放了老的生产力，更主要是创造了新的生产力。中国经济要"爬坡过坎"，必须加快结构调整，大力培育新兴增长点，这样才能使中国经济提质增效、行稳致远。只要我们对"新经济"充满信心，就会对中国经济未来充满信心!

一、从标准化到差异化，对新经济的再认识

1. 新结构经济学

就在 2016 年 4 月 15 日下午李克强总理来到北京大学之际，在国家发展研究院，名誉院长林毅夫向总理赠送了三本重量级著作，其中就包括 2016 年"两会"期间林毅夫着急带上"两会"、尚未正式印制完毕的《新结构经济学新在何处》。

李克强总理接过一份材料，翻了两页后饶有兴致地抬头问道："你们专门在研究'新经济'？"

"对，这是我们推出的一个'新经济指数'。"林毅夫教授介绍说。这份"新经济指数"通过大数据对 9 大行业、100 多个类别的"新经济"进行分析研究，度量中国经济转型中"新经济"相对于"传统经济"的活跃程度。通过这个指数分析：2016 年 3 月，新经济占整个中国经济的比重为 32.1%，比 2015 年

的最高值上升了 2 个百分点。

"你们做了一件开创性的工作!"李克强赞许道,"我们要积极发展新经济、培育新动能。新经济发展能够带动大量就业,也会为传统动能改造提升创造条件。"

"当前我国发展正处于这样一个关键时期,必须培育壮大新动能,加快发展新经济。"2016 年政府工作报告首次写入"新经济"一词,成为报告的一个新亮点。

"只靠传统动能难以实现中国经济的中高速增长,必须依靠新经济,走出一条新的'S 型曲线'。"李克强总理说。

"这样中国经济就能上一个'新台阶'。"林毅夫在旁接口道。大家都笑了。

前身为北大中国经济研究中心的北大国家发展研究院,聚集了林毅夫、周其仁、张维迎等一批著名经济学家。2015 年底,该院入选首批国家高端智库建设试点单位。2016 年初,林毅夫牵头建立的"新结构经济学研究中心"与联合国南南合作办公室签订谅解备忘录,组建"南南学院"。

"你这个'新结构经济学',还是发展经济学的一个分支。"李克强与林毅夫讨论道。

林毅夫连连点头:"您说得对,有人认为新结构经济学是发展经济学的第三波思潮。"

"当前,我国经济社会发展面临不少多难选择,宏观调控、转型升级等都需要在理论与实践上不断提高和创新。"总理说,"希望你们继续努力,为我国发展新经济、培育新动能提供更加坚实的理论支撑。"

李克强总理在这次考察中与林毅夫教授谈论的"新结构经济学"到底是个什么理论?

所谓新结构经济学理论,就是在结构经济学的范式框架中提出结构经济学的新的基础理论,包括新的结构经济学概念、范畴与新的结构经济学原理。新结构经济学,是根据时间、层次、传统三维空间相互转化原理研究经济发展规律、预测经济发展趋向、进行经济空间布局、调整产业空间结构、取得经济规模效益、实现经济可持续发展的经济学,是结构经济学向发展经济学转化的中间环节，新结构经济学使发展经济学成为科学。在新结构经济学看来，经济主体与经济客体的对称结构是基本的经济结构，经济主体与经济客体的对称关系是经济发展的最根本动力。

我们现在常说的新常态经济是经济学范式转换、经济发展模式转轨与经济增长方式转变。新常态经济是稳增长调结构的经济，而不是总量经济；着眼于经济结构的对称态及在对称态基础上的可持续发展，因此新常态经济学是结构经济学。

结构经济学是用结构方法解释经济现象、研究经济发展的经济学。结构经济学分为旧结构经济学与新结构经济学。旧结构经济学运用静态的、纯客体的三维结构方法分析经济、研究经济发展，新结构经济学运用动态的、主客体对称、时间空间层次对称的五维结构方法解释经济现象、认识经济结构、把握经济规律、揭示经济本质、研究经济发展。因此新结构经济学就是对称经济学。在新结构经济学——对称经济学看来，经济主体与经济客体的对称结构是基本的经济结构，经济主体与经济客体的对称关系是经济发展的最根本动力，所以新结构经济学又可以称为发展经济学。

新结构经济学对供给侧结构性改革有什么作用呢？

建立在对称平衡论基础上的新结构经济学和建立在一般均衡论基础上的"新结构经济学"有本质的不同，对产能过剩的解释与解决方法、供给侧结构性改革的定义与定位也有本质的不同。根据以"对称经济学"命名的新结构经济学，所谓供给侧结构性改革，就是用增量改革促存量调整，在增加投资过程中优化投资结构、产业结构开源疏流，在经济可持续高速增长的基础上实现经济可持续发展与人民生活水平不断提高；就是优化产权结构，国进民进、政府宏观调控与民间活力相互促进；就是优化投融资结构，促进资源整合，实现资源优化配置与优化再生；就是优化产业结构、提高产业质量，优化产品结构、提升产品质量；就是优化分配结构，实现公平分配，使消费成为生产力；就是优化流通结构，节省交易成本，提高有效经济总量；就是优化消费结构，实现消费品不断升级，不断提高人民生活品质，实现"创新、协调、绿色、开放、共享"的发展。

　　谈起为什么要创立"新结构经济学"，林毅夫教授解释说："因为现代的主流经济学理论基本上没有结构，所以无法区别发展中国家和发达国家的差异。我希望经济学界在研究经济问题时，大家先天地就会考虑到发展中国家和发达国家的结构差异。"

　　为什么叫"新结构经济学"呢？林毅夫说，我是主张用新古典的方法去研究现代经济增长的本质和决定因素，也就是研究经济发展过程当中的经济结构以及结构不断演变的决定因素是什么。按照现代经济学的命名原则，如果用新古典方法来研究这些问题，那应该取名为"结构经济学"。但是因为发展经济学刚出现时主流的理论是"结构主义"，为了区别于此，所以称为"新结构经济学"。比如诺斯的"新制度经济学"就是为了区别于 20 世纪初美国的制度学派，"新结构经济学"也是这样。

　　他说，简单来说，结构主义是从市场失灵来解释不同发展程度的国家产业结构的差异，新结构经济学则是从产业结构内生于要素禀赋结构来解释。我们知道，任何理论都是为了帮助人们认识世界，改造世界。结构主义似乎能够帮助我们认识世界，但是改造世界的努力结果怎样？一般会有几年投资拉动的经济快速增长，但是等这些产业建立起来以后，经济就开始停滞，接着危机不断，跟发达国家的差距不仅没有缩小，反而不断地拉大。包括后来的新自由主义也是一样，能够解释现象，但实践上并不成功，所以我们要进行反思。

　　那么，发达国家和发展中国家的结构差异体现在哪些方面？为什么必须注重这些差异呢？

　　林毅夫表示：发达国家和发展中国家的结构差异体现在方方面面，但是我们有一个切入点，那就是一个经济体的要素禀赋及其结构，其他的产业、技术、制度等结构等都是内生于这个要素禀赋结构的。马克思主义认为经济基础决定上层建筑，我认为经济基础的基础就是要素禀赋及其结构。

　　每个经济体在每个时点的要素禀赋其实就是它在这个时点上的总资源、总预算，而不同经济体拥有的资本、劳动、自然资源的丰富程度是不同的，哪种要素多、哪种要素少就是结构问题，多的相对价格就低，少的相对价格就高。也就是说，要素禀赋及其结构同时决定了一个经济体在每个时点上的总预算和相对价格，这是经济学分析中两个最基本的参数，所以我们要从这点出发来进行分析。

林毅夫说，主流经济学有一个特性，都是总结于发达国家的经验，而且通常都是理想化的经验，老实说连发达国家也不一定能做到。发展中国家首先是发展阶段不同，有相对的落后性。其次，发展中国家必然有很多在过去错误的思路影响下形成的错误政策的干预，这些干预和扭曲是内生于那些错误的思路的。从历史经验看，根据发达国家的理想化经验所形成的理论来做决策或政策选择，结果经常比原来更糟，就是因为这些理论不符合发展中国家实际。

另外，在"新结构经济学"中，把企业的自生能力看作新结构理论体系的微观基础，林毅夫对此解释道，企业自生能力指的是一个正常管理的企业在开放竞争的市场环境中获得社会可接受的利润率的能力。企业有自生能力的前提条件是这个企业所在的行业、所采用的技术符合其所在经济体的要素禀赋结构所决定的比较优势。有了这一标准，就容易找到现实世界中许多现象的微观基础，知道那些制度或扭曲是不是内生的，那些政策变动是不是会有预期的效果。所以说企业的自生能力是整个新结构经济学理论体系的微观基础。

2. 信息化与全球化的新经济

一般认为，新经济的实质，就是信息化与全球化，新经济的核心是高科技创新及由此带动的一系列其他领域的创新。促成新经济出现的现实环境是全球经济一体化。信息技术革命的推进，新经济的发展，必然导致全球一体化进程的加快。

中国经济发展到今天，正面临转型的阵痛期，再让传统动能继续保持过去那样的高增长，不符合经济规律。经济发展必然会有新旧动能迭代更替的过程，当传统动能由强变弱时，需要新动能异军突起和传统动能转型，形成新的"双引擎"，才能推动经济持续增长、跃上新台阶。

国家统计局发布的《2015 年世界经济回顾及 2016 年展望》报告指出，2016 年，世界经济仍将处于国际金融危机后的修复期，政策措施的有效性下降，新的增长动能尚未确立，仍会维持"低利率、低通胀、低增长、高负债"的"三低一高"态势，复苏将依然疲弱乏力，需求疲弱将制约中国经济增长。

全面建成小康社会决胜阶段的开局之年，推进供给侧结构性改革的攻坚之年，中国经济如何扬帆起航？世界经济运行中的不利因素和不确定性因素增多，国内新旧发展动能接续转换的关键时期，中国经济如何爬坡过坎？

"中国的发展从来都是在应对挑战中前进的，没有过不去的坎。"李克强总理的回答非常坚定。

2016 年 3 月 16 日，李克强总理在会见中外记者并回答提问时表示，新经济的覆盖面很广泛、内涵很丰富，它涉及一、二、三产业，不仅仅是指互联网、物联网、云计算以及电子商务等新兴服务业和新业态，也包括工业当中的智能制造、大规模的定制化生产等，还涉及一产当中有利于推进适度规模经营的家庭农场、股份合作社，农村一、二、三产融合发展等。政府工作报告中所指的新经济，已经超越了这一概念最初的范畴，而具有更丰富的内涵和更广阔的范围。

北京大学经济学院党委副书记、副院长崔建华认为，新经济重在"新"，重在全面的"新"。近年来，对于中国经济的"新"，提法非常多，如新结构、新模式、新产业、新业态、新产品等等，是从不同角度和不同领域提出的，各有其理，并不矛盾。新经济应该是一个综合的范畴以及与之相适应的不懈的实践，将各种各样的"新"均包含其中，全面提升中国经济的内在品质，以"新"带动发展的可持续性。

"发展中总量与结构性问题并存，结构性问题更加突出。"这是对当前我国经济形势的科学判断。因此，必须着力加强供给侧结构性改革，加快培育新的发展动能，改造提升传统比较优势。

既做减法，又做加法，减少无效和低端供给，扩大有效和中高端供给，增加公共产品和公共服务供给；同时，发挥大众创业、万众创新和"互联网+"

集众智汇众力的乘数效应。崔建华指出，新经济需要"新结构"的支撑。去产能、去库存以及发展新产业等，都是中国经济的结构性调整。一方面是原有产业的调整与升级，结构调整不是一味排斥传统产业；另一方面是新型、前沿产业的大发展，二者并行推动产业结构的蜕变。

2016年以来，我国结构调整取得积极进展，转型升级正在路上。作为第一大产业的服务业继续保持良好发展势头。

在国家实施创新驱动发展战略，出台一系列鼓励大众创业、万众创新政策措施作用下，新产业、新业态、新模式以及新产品、新服务等新动能不断积聚。

2016年1月份，国内发明专利受理量同比增长35.7%，国内发明专利授权量增长57%。

"互联网+"相关行业发展方兴未艾。1—2月份，全国网上商品和服务零售额同比增长27.2%，网络购物带动快递业务迅猛增长。信息消费成倍增长，1月份移动互联网接入流量同比增长120.9%。

高附加值、高技术含量的新产品快速增长。1—2月份，新能源汽车产量同比增长75.9%，智能电视增长28.5%，城市轨道车辆增长28.0%，光电子器件增长22.6%，环境污染防治专用设备增长21.8%。

新服务、新模式不断涌现。在技术创新的驱动下，移动互联网与传统行业加速渗透，不断催生新的服务模式。各地区通过建立企业孵化器、创业园区、服务中心等方式，向企业提供个性化、定制化的公共产品和服务。众创、众包、众扶、众筹等创新服务平台实现了各种资源高效集成。网络约车、在线医疗、远程教育等新型服务模式极大地释放了消费潜力。

供给侧结构性改革效应显现。一些"产能过剩"行业产品产量下降。2016年1—2月份，水泥产量同比下降8.2%，粗钢下降5.7%，10种有色金属下降4.3%。相关产品价格降幅收窄。

"尽管中央在推动简政放权，但在很多领域，审批过程依旧过于漫长。新技术要变成新动能，并让老百姓真正受益，必须抓大放小，放开手脚。"中国科学院院士陈和生指出。

当前，全球经济进入了以"云物大智"（云计算、物联网、大数据、智能化）为支撑的人人自由组合的 3.0 版阶段。"云物大智"时代催生新经济发展方式，它正在并将彻底改变知识的获取、传承、积累和创造方式，并推动生活方式、工作方式、组织方式与社会形态的深刻变革，公共治理的形态也相应地发生转变。

作为新经济的一个重要内容，"分享经济"也在政府工作报告中首次出现。分享经济，也被称为点对点经济、协作经济、协同消费，是一个建立在人与物质资料分享基础上的社会经济生态系统。"互联网+"时代，分享经济成为新潮流，行业变革已经来临。

近年来，我国分享经济发展迅速，正在深刻地改变着经济形态和生活方式，在线创意设计、营销策划、餐饮住宿、物流快递、资金借贷、交通出行……分享经济已经渗透到社会方方面面。但数据表明，我国分享经济市场规模偏小，市场发育不完善，重要的制约因素就是对分享经济的监管仍秉承着管理传统行业的理念。

经济学家认为，要推动新技术、新产业、新业态加快成长，以体制机制创新促进分享经济发展，建设共享平台，做大高技术产业、现代服务业等新兴产业集群，打造动力强劲的新引擎。政府工作报告的明确表述让人们看到了未来发展的希望所在。政府支持分享经济发展的态度更加鲜明，会提高资源利用效率，让更多人参与进来、富裕起来。

新科技、新产业、新经济贯穿整个"十三五"规划纲要。纲要确定了一批 2030 年重大科技创新项目和工程；重点支持新一代信息技术、新能源汽车等领域相关产业的发展壮大，大力推进智能交通、虚拟现实与互动影视等新兴前沿领域创新和产业化，形成一批新增长点；确定了 8 个信息化重大工程；实施智能制造工程，加强工业互联网设施建设、技术验证和示范推广，推动"中国制造+互联网"取得实质性突破。

二、新动能补位"去产能",产业革命的新趋势

1."制造业+互联网"=新工业革命

习近平总书记指出,实体经济是国家的本钱,工业是立国之本,要推动中国制造向中国创造转变、中国速度向中国质量转变、中国产品向中国品牌转变。当前,以新一代信息通信技术与制造业融合发展为主要特征的新一轮科技革命和产业变革正在全球范围内孕育兴起,给世界产业技术和分工格局的深刻调整带来革命性影响。

制造业是国民经济的主体,是立国之本、兴国之器、强国之基。世界发展的历史一再证明,没有坚实的产业支撑,就没有国家和民族的强盛。我国是制造业大国,拥有全球最完整的产业链条,"中国制造"更是遍布世界。然而,传统的制造业如何发挥新活力、激发新动能,实现"中国制造"再一次腾飞?

制造业成为全球经济竞争制高点。制造业技术密集、产业链长、集中度高,是创新活动最为集中、最为活跃的领域。纵观三百年工业化发展进程,全球制造业基本形成了以美国为主导的全球科技创新中心,德国、日本引领的高端制造领域,一些新兴国家的中低端领域,以及资源输出国等四级梯队的发展格局。国际金融危机后,发达国家重新审视发展战略,纷纷制定以重振制造业为核心的"再工业化"战略。发展中国家以及部分非洲国家则凭借更低的人力和资源成本,加快对外开放和结构调整步伐,积极承接劳动密集型产业和资本转移。各国争相介入新一轮国际分工争夺战,将重塑全球制造业版图,在高端和中低端领域对我国形成"双向挤压"的严峻挑战。

从我国自身来看,随着经济发展进入新常态,增长速度、经济结构和发展动力都在发生重大变化,制造业发展站到了爬坡过坎、由大变强新的历史起点上。一方面,我国已于2010年超过美国成为全球制造业第一大国,形成了完备的工业体系和产业配套能力,孕育出一批具有国际竞争力的优势产业和骨干企业。在联合国公布的500余种主要工业产品中,我国有220多种产量位居世界第一,2014年有56家制造企业进入世界500强,11家工程机械企

业进入全球 50 强，通信设备制造商跻身世界第一阵营。另一方面，我国在关键核心技术、产品质量和可靠性水平、节能降耗等方面与世界制造强国的差距仍然明显。

互联网日益成为驱动产业变革的先导力量。互联网是 20 世纪最伟大的发明之一，随着信息技术发展和互联网应用不断拓展，已成为当今时代创新最活跃、交叉最密集、渗透性最广的领域。习近平总书记指出，"现在人类已经进入互联网时代这样一个历史阶段，这是一个世界潮流，而且这个互联网时代对人类的生活、生产、生产力的发展都具有很大的进步推动作用"。具体表现为几个方面的主要特征：

一是以互联网为代表的新一代信息通信技术处于跨界融合和群体突破爆发期，技术创新活力和应用潜能裂变式释放。物联网、云计算、大数据等新一代感知、传输、存储、计算技术加速集成创新，智能控制、人机交互、智能材料、生物芯片、生物传感等领域交叉融合，量子通信、生物计算、全息显示等前沿基础性信息技术处于突破性创新前夜，正引发多领域的系统性、革命型群体性技术突破，共同驱使人类智能迈向更高境界。

二是信息网络向高速宽带、天地一体、泛在融合迈进，融合感知、传输、存储、计算为一体的智能化综合信息基础设施加速形成。光纤宽带接入成为主流，4G 网络正在加速普及，围绕 5G 网络技术路线的博弈日趋激烈。随着互联网协议第 6 版（IPv6）的部署、移动互联网和传感技术的发展，信息网络加快从人人互联到万物互联、从网络空间到信息物理空间（Cyber-Physical System，CPS）一体化扩展，人类正进入物物相连、泛在感知的大互联网时代。

三是围绕数字竞争力的全球战略布局全面升级，打造网络强国成为全球主要大国的共识。主要发达国家纷纷动员国家力量，围绕建立数字竞争优势，加快在信息基础设施、核心技术产业、国家数据战略资产、以智能制造为核心的网络经济体系等方面的战略部署，构建政治、经济、文化、外交、国防等线下线上一体化的国家综合新实力。与此同时，网络安全在国家安全中的基础性、战略性地位更加凸显。大数据、云计算、工业互联网等新技术、新业务带来的安全挑战不断涌现，安全威胁更趋隐蔽、复杂，并从网络扩展到工业控制、基础设施乃至实体经济的每个行业和社会生活的各个方面，网络安全保障能力成为维护国家安全的关键。

"中国制造+互联网"将成为未来产业发展的主攻方向。 信息通信技术的深度应用引领制造业变革方向，善于把握数字化、网络化、智能化大趋势，积极拥抱信息化和工业化深度融合的制造企业将更有竞争力。现在大家热议新一轮科技革命和产业变革，有专家认为是第三次工业革命，也有说是第四次，也就是工业 4.0。无论哪一种表述，一个共同的突出特点，就是信息通信技术在其他产业、领域的深度渗透和广泛应用，尤其是互联网与制造业的深度融合。李克强总理多次强调，互联网+双创+中国制造 2025，彼此结合起来进行工业创新，将会催生一场"新工业革命"。具体来讲，突出体现在四个方面：

一是从生产方式看，智能制造成为制造业变革的核心。德国工业 4.0、美国工业互联网、新工业法国等都将智能制造作为抢新一轮产业竞争制高点的关键选项。所谓智能制造，我们理解包括智能化的产品、装备、生产、管理和服务，主要载体是智能工厂和智能车间。CPS（信息物理系统）是实现智能制造的重要手段，这一系统通过集成计算、通信与控制于一体，实现大型物理系统与信息交互系统的实时感知和动态控制，使得人、机、物真正融合在一起。智能制造可以实现传统制造业无法实现的目标，最典型的就是批量化个性定制生产。

二是从发展模式看，绿色化、服务化日渐成为制造业转型发展新趋势。欧美的"绿色供应链""低碳革命"、日本的"零排放"等新的产品设计和生产理念不断兴起，节能环保、再制造等产业链不断完善，绿色制造、增材制造日益普及，制造业绿色发展的内涵和方式得到极大丰富。服务化转型方面，随着互联网等新一代信息技术的广泛应用，企业生产加快从传统的以产品制造为核心向提供具有丰富内涵的产品和服务转变，服务型制造、生产性服务业快速发展。

三是从创新方式看，网络协同创新将重构传统的制造业创新体系。传统的创新活动中，新技术新产品的推出很大程度上依赖于单个企业的技术研发和产业化等活动。今天网络化的众包、众创、众筹、线上到线下（O2O）等新型创新方式密集涌现，改变制造业技术研发和商业模式创新的方式。

四是从组织方式看，内部组织扁平化和资源配置全球化成为制造企业培育竞争优势的新途径。内部管理方面，很多企业运用互联网开放、协作与分享的特点，减少了内部层级结构，企业的生产组织更富有柔性和创造性。外部资源配置方面，制造业全球化步伐加快，生产和流通方式、贸易领域发生了巨大变化，企业通过网络将价值链与生产过程分解到不同国家和地区，技术研发、生产以及销售的多地区协作日趋加强。

总之，"十三五"时期是我国制造业提质增效、由大变强的关键期。长期以来支撑快速增长的能源资源和环境、劳动力成本优势日益弱化甚至消失，经济增速换挡、结构调整阵痛、动能转换困难相互交织。"十三五"规划纲要围绕结构深度调整、振兴实体经济，强调深入实施中国制造 2025，优化现代产业新体系，并对实施网络强国战略、拓展网络经济空间做出系统部署，必将对夯实实体经济根基、抢占未来竞争制高点产生重要而深刻的影响。

2．实施《中国制造 2025》，加快建设制造强国

《中国制造 2025》是我国实施制造强国战略第一个十年的行动纲领，第一次从国家战略层面描绘了建设制造强国"三步走"战略愿景，系统提出了九大战略任务、十大重点领域、五大重点工程和若干重大政策举措。2015 年 5 月 19 日正式印发以来，引起了国内外产业界、学术界和政府的广泛关注。《中国制造 2025》的制定不容易，组织实施更难，要把战略规划变成年度计划，把年度计划变成具体行动，把具体行动转化为实际成果，任务十分艰巨。重点就"十三五"时期如何抓住重点、推动落实谈几点认识。

加快发展新型制造业。"十三五"规划纲要强调实施《中国制造 2025》，首次提出制造业发展的四个方向，即高端、智能、绿色、服务。

一是强化高端引领。高端装备作为制造业的高端领域，一直是国际产业竞争的焦点。一些小国或新型工业化国家，之所以能够跨入发达国家行列，

一个重要的方面就是在某些装备制造业领域代表着世界领先水平。如瑞士的精密机床和仪器仪表制造、瑞典的轴承制造、韩国的船舶和电子设备制造等。近年来，我国高端装备制造业快速发展，一批高端装备实现重大突破。大型客机（C919）成功下线，北斗导航系统突破千万级用户，海洋石油 981 深水半潜式钻井平台创造了世界半潜式平台之最，高铁、电力已经走出国门。

但是，与世界先进水平相比，我国高端装备在创新能力、部分核心技术和关键零部件、产品可靠性、基础配套能力等方面仍存在较大差距，成为制约制造业高端发展的重要瓶颈。《中国制造 2025》明确将高端装备创新工程作为五大工程之一，就是要集中资源，着力突破大型飞机、航空发动机及燃气轮机、民用航天、智能绿色列车、节能与新能源汽车、海洋工程装备及高技术船舶、智能电网成套装备、高档数控机床、核电装备、高端诊疗设备等一批高端装备，实现工程化和产业化，引领制造业高端发展。

二是加快发展智能制造。智能制造是新一轮科技革命和产业变革的核心所在。建设制造强国必须牢牢把握住这一主攻方向，以实现重大产品和成套装备的智能化为突破口，以推广普及智能工厂为切入点，加快提升制造业产品、装备及生产、管理、服务的智能化水平。这其中，标准制定是关键。标准类似于言语沟通中的普通话，推行智能制造，不能你说你的，我讲我的，否则容易形成"信息孤岛""鸡同鸭讲"。我国也积极开展标准的顶层设计工作，已于 2016 年 2 月组建了工业互联网产业联盟，集中力量构建国家智能制造标准体系，积极探索我国工业互联网发展总体方案，以标准来引导智能制造技术和模式在企业、行业中的应用普及。

三是全面推进绿色制造。《中国制造 2025》首次提出推进绿色制造，并将之作为五大工程之一。与以往开展的工业节能减排不同，绿色制造是围绕产品全生命周期，以重大工程、项目为牵引，通过构建绿色制造体系，来推动绿色产品、绿色工厂、绿色园区和绿色供应链的全面发展。当前的重点是，加快制造业绿色改造升级。一方面，要让广大企业积极行动起来，通过政策、标准、法规等手段，强化企业的可持续发展理念和生态文明建设的主体责任，引导和倒逼企业加快淘汰落后产能和绿色改造升级，推行低碳化、循环化和集约化生产，减少污染物排放。另一方面，要鼓励和支持企业积极运用物联网、云计算、大数据等新一代信息技术，对企业采购、生产、仓储、运输、服务的全过程进行监控管理，提高能源资源利用效率，大力发展节能环保产业。

四是积极发展服务型制造。我国已经是全球第一制造大国，但在国际产业分工体系中仍处于价值链中低端，一个重要原因就是制造业服务化水平不高。未来我国制造业结构优化、产业升级的一个重要工作，就是引导企业围绕创新设计、供应链管理、网络化协同制造、全生命周期服务、总集成总承包服务、融资租赁业务、智能服务新模式等，延伸服务链条、促进服务增值，实现生产型制造向生产服务型制造转变。

全面提升工业基础能力。关键基础材料、核心基础零部件（元器件）、先进基础工艺、产业技术基础等"四基"薄弱问题，已成为制约我国制造业发展的"卡脖子"问题。制造强国建设第一个十年的核心任务，就是夯实基础、缩小差距，促进提高制造质量和可靠性，增强产品竞争力。

一是实施工业强基工程。不少基础领域，都是市场失灵的领域，单靠市场机制很难取得突破，在这方面恰恰需要政府更好地发挥作用。从 2014 年开始，我国就围绕重点装备和重大工程需求，组织实施了工业强基工程，支持了航空航天用关键基础材料、输电设备基础零部件等领域，取得一批突破性成果。

二是建设制造业创新中心。推动协同创新、加快科技成果向现实生产力转化，是制造强国建设的核心任务。国内外的实践表明，在科技成果与实际应用转化之间，也就是从实验室产品到企业产品之间存在着一个鸿沟或断裂，被形象地称为"死亡峡谷"或"创新峡谷"，这是许多国家科技创业创新中的一个共性问题，在我国表现的则更为明显些。据统计，由于高校、科研院所与企业拥有不同的评价机制和利益导向，各自创新活动的目的严重分化，我国科研成果转化率仅为 10%左右，远低于发达国家 40%的平均水平，产学研用合作创新的有效机制尚未形成。

当前，作为协同创新的重要载体，制造业创新中心受到很多国家，尤其是发达国家的高度重视。根据制造强国战略部署，我国也正围绕重点行业转型升级和新一代信息技术、智能制造、增材制造、新材料、生物医药等制造业领域的重大共性需求，加快创建形成以创新中心为核心、以公共服务平台和工程数据中心为重要支撑的制造业创新网络。根据相关规划，到 2020 年，我国将重点形成 15 家左右制造业创新中心，力争到 2025 年，形成 40 家左右制造业创新中心。

推动传统产业改造升级。我国传统产业规模体量大，在可预见的未来仍是经济增长的主导力量，也是推进供给侧结构性改革的主战场。对一个拥有 13 亿人口的发展中大国来说，把制造业的饭碗端在自己手里，传统产业决不能忽视，改造提升的步伐一刻也不能停。重点是抓好五个方面的工作。

一是持续推进企业技术改造。经济要向中高端迈进，企业技改是重要一环，既促进了产业技术进步，亦可形成工业有效投资。据测算，1 亿元技改专项资金可拉动投资近 20 亿元，新增工业产值约 30 亿元、利润约 3.1 亿元，带动就业约 2800 人。中央已经明确要求把技术改造放在更加突出的位置，决定实施新一轮制造业重大技术改造升级工程。

一方面，加大技改资金规模，完善政策体系，支持企业瞄准国际同行业标杆全面提高产品技术、工艺装备、能效环保等水平，实现重点领域向中高端的群体性突破。另一方面，改革技术改造专项资金支持形式，更多采用后补助、贴息等方式，提高资金使用效率。同时，按照简政放权、公开透明的要求，简化申报程序，减轻企业负担，支持企业获得中央技术改造专项，调动各种社会、市场资源，支持企业技术改造发展。

二是积极稳妥化解产能过剩。产能过剩现象是一种带有普遍性、规律性的经济现象，之前我国也存在过，西方国家每次周期性的经济危机实质上也是生产过剩。客观上讲，一定的过剩，有利于市场竞争。但是，像我国这一轮范围如此之广、数量如此之大、影响如此之深的产能过剩还不多见，波及大量传统行业，特别是钢铁、水泥、电解铝、平板玻璃、煤炭这五大行业，产能利用率明显低于国际通常水平，企业经营普遍困难。从趋势看，这些行业未来的需求增长空间已十分有限，也有判断说这些行业需求峰值已经出现，现在已不是周期性过剩，而是严重的绝对过剩。

产能过剩、供需失衡，严重影响了行业健康发展。产能不减、价格疲软，长此以往，优质企业也会被拖垮。这既有市场经济自身的盲目性的原因，很大程度上也是政府过度干预、不当干预的结果。2015年中央经济工作会议上，去产能被列为当前推进供给侧结构性改革的首要任务。习近平总书记强调，这是绕不过去的历史关口，如果我们不能抓住机遇进行战略调整，不能破除这些就很难度过这个关口，问题积重难返就会影响整个战略目标的实现。李克强总理也指出，这项工作抓好了，工业很多问题便可迎刃而解，必须痛下决心，背水一战，否则工业发展就没有出路。

三是促进大中小企业协调发展。大型和中小型企业的均衡发展是制造强国建设的重要动力。保持本国制造业在全球的持续竞争优势，既需要大型企业的雄厚实力作为支撑，也需要中小企业作为长期发展的后备力量。世界上制造强国在推进工业化的进程中，都注重优先扶持重点企业的发展，有选择地对部分大型企业加强支持，提升并维持该企业在该领域的全球竞争力水平。与这些国家相比，我国虽然大型制造企业不断增多，但还是缺少一批真正具有国际竞争力的大企业集团。

《中国制造2025》把培育全球化领军企业作为一项重要任务，要求各部门、各地更加积极地为大型企业的发展壮大创造条件，支持企业间战略合作和实施强强联合、跨地区兼并重组，支持有条件的企业"走出去"，打造一些叫得响、立得住的航母级企业。这其中，中央企业的骨干和引领作用至关重要，要树立争创本领域世界前三的雄心壮志，在技术创新、标准制定、品牌培育等方面加速赶上时代步伐，通过打造硬本领、锻炼真本事，为中国制造迈向中高端增添核心驱动力。鼓励扶持中小企业发展同样重要，主要制造强国在发展过程中，都不同程度地实施了扶持中小企业的政策，并将之作为维护和强化制造业竞争优势的重要手段。在推进制造强国的进程中，我们要坚持"两条腿"走路，既要扶持培育大企业、大集团，也要着力培育创新能力强的中小企业，引导企业树立"十年磨一剑"的精神，长期专注于企业擅长的某些特定领域，走"专精特新"发展道路。

四是优化产业空间布局。近年来，中央做出实施"一带一路"、京津冀协同发展和长江经济带三大战略的重大决策，共同特点是跨越行政区划、促进区域协调发展。产业是区域发展的重要载体。当前，三大战略正从顶层、中层设计阶段全面转入具体推进实施阶段，产业的支撑作用更加凸显。

五是加强质量品牌建设。质量品牌是产业结构优化的重要途径，也是改善制造业供给体系效率的重要方面。我们讲中低端产品产能严重过剩、高科技高品质的产品相对不足，核心就是质量不高、品牌认知度不高。相对于品牌，质量问题更严重，一些重大的质量安全事件屡有发生，严重伤害国内消费者对中国制造的信心和感情。建设制造强国，必须把质量和品牌问题放到更加突出的位置，着力夯实质量发展基础。

3. 落实网络强国战略部署，加快发展现代互联网产业体系

"十三五"时期是我国加快网络强国建设的攻坚期，是信息化支撑引领工业化、城镇化、农业现代化的关键时期。党中央、国务院高度重视网络经济创新发展。2014年2月，习近平总书记在中央网络安全和信息化领导小组第一次会议上强调，信息技术和产业发展程度决定着信息化发展水平，建设网络强国，要有自己的技术，有过硬的技术；要有丰富全面的信息服务，繁荣发展的网络文化；要有良好的信息基础设施，形成实力雄厚的信息经济；要有高素质的网络安全和信息化人才队伍。"十三五"规划纲要提出实施网络强国战略，拓展网络经济空间，并且首次提出发展现代互联网产业体系。这是在实践中对习近平总书记关于网络强国战略重要论述的进一步深化和落实。

自1994年全功能接入国际互联网以来，依托庞大的人口红利及后发优势，经过20多年的努力，我国互联网发展取得了长足进步，成为具有全球影响力的网络大国，互联网产业具备了厚积薄发、登高望远的条件。突出表现在三个方面：

一是建成全球规模最大的宽带网络基础设施。光缆线路长度达到2300万公里，移动通信实现从2G跟随到3G突破、4G同步的跨越。二是建成涵盖网络设施建设运营、互联网软硬件研发制造、互联网信息服务等领域较为完整

的产业体系。高性能计算、网络通信设备、智能终端、集成电路、平板显示等领域取得突破，部分领域跻身世界前列，移动芯片异军突起，自主品牌智能手机、智能电视、通信设备和服务器国内市场占有率分别超过 70%、87%、70% 和 50%。三是形成了全球最大的互联网市场。全国网民规模达到 6.88 亿，互联网普及率达 50.3%，超全球平均水平；4G 用户突破 3.8 亿，占全球 4G 用户总量超过 40%；电子商务交易额接近 20 万亿元，成为全球最大的网络零售市场；钢铁、石化、冶金、汽车等行业形成了一批百亿级、千亿级行业第三方电子商务交易平台；12 家互联网企业进入全球市值前 30 行列，阿里、腾讯、百度稳居前 10 名。

同时，我国发展现代互联网产业也面临一系列突出的问题和挑战。对技术和产业而言，我国信息技术产业基础薄弱，核心技术掌握能力不足，产业整体面临核心技术受制于人、关键器件依赖进口、集成服务能力差等问题，国际先进、安全可靠的产业生态尚未形成。对信息基础设施而言，宽带基础设施能力和普及程度等与国际先进水平尚有不小差距，面向未来网络的前瞻性布局尚未真正起步。对互联网应用而言，互联网与实体经济融合发展的广度、深度和成效仍有差距，相对于消费互联网，产业互联网发展整体处于较低水平，企业信息化面临集成应用困难、智能装备不足、流程管理缺失等挑战，以及制造执行系统、工业控制系统、大型管理软件缺失等问题。对管理和安全而言，互联网带来的新理念、新产品、新业态对法律法规体系建设提出了更紧迫、更系统、更全面的要求，政府监管在拥抱创新、防范风险、利益调整等方面面临多难选择，亟待完善电子商务、数据开放、网络安全、个人隐私、互联网金融等领域的法律环境。互联网应用越来越深入，经济社会对网络与信息系统的依赖程度日趋加深，相伴而生带来信息安全问题也愈发严峻，基础信息网络和重要信息系统安全保障能力亟待提升，行业管理的思路和安全防护的技术手段都将面临重大挑战。

以"五大发展理念"引领现代互联网产业体系。发展现代互联网产业体系是一项长期的战略任务。"十三五"时期要瞄准网络强国、制造强国目标，以信息化和工业化深度融合为主线，强化产业基础支撑能力，提高信息资源开放水平，加快培育新业态新模式，完善人才培养体系，着力抢占全球信息经济制高点，打造创新引领、开放共享、绿色协调、确保安全的现代互联网发展生态。

一是坚持创新引领。创新是驱动产业发展的第一动力。互联网一方面作为创新驱动发展的先导力量，正深刻重构全球创新网络，为大众创业、万众创新提供了当今时代最具活力的创业创新平台；另一方面又依赖于科技创新、产业创新、企业创新、市场创新、产品创新、业态创新、管理创新等，不断开拓新的发展空间。我们要更好地发挥互联网的创新先导作用，大力推进开放创新、协同创新和融合创新，强化创业者和企业的创新主体地位，统筹推进网络建设、应用服务、产业支撑和技术研发等产业链各环节创新，加快形成以创新为主要引领和支撑的互联网产业体系和发展模式。

二是坚持开放共享。开放包容是产业繁荣的必由之路，共享发展是实现互联网应用服务普惠全民的内核要义。当前，国际专业化分工不断深入，做大做强互联网产业体系必须通过开放汇聚全球发展要素，以合作、共享的态度推动产业生态体系同国际接轨，充分发挥我国互联网信息服务的规模和应用优势，构建开放包容、众创众享的创业创新服务平台，面向全球完善互联网服务生态体系，促进国内国际两个市场、两种资源的有序流动、深度融合，在助力全球经济发展中寻求新的增长空间，提升全球影响力。同时，要坚持以人民为中心的发展思想，通过推进提速降费、开展普遍服务、促进分享经济、实施信息扶贫等，让网络红利带来的机遇和成果惠及更广大的人民群众。

三是坚持绿色协调。绿色低碳是赢得未来的关键举措，协调发展是产业健康发展的关键依托。互联网技术为发展绿色经济提供了新的路径选择，推动绿色低碳发展不仅是互联网经济自身的内在要求，也是传统产业与互联网融合创新的重要遵循。既要推动新能源和节能新技术在数据中心、通信设施等重点领域的应用，构建清洁、高效、低碳的互联网产业体系；又要深化互联网技术在制造、农业、能源等行业的应用，促进资源节约、高效利用。重构生态是ICT领域不断前行的重要机遇，现代互联网产业呈现出产品与服务、终端与网络、应用与平台深度交融的特征，产业链条长，涉及领域广，市场主体多元，必须更加注重多层次、多方面的协调，通过跨界融合创造更多价值，通过构建顺畅协同的行业管理体系，增强面向跨界变革的政策包容性，促进大中小微企业规范竞争、互动发展。

四是坚持确保安全。没有网络安全，信息化发展越快造成的危害可能越大。发展互联网经济必须处理好安全与发展的关系，做到协调一致，齐头并进，不能偏废。信息技术和产业发展程度决定着信息化发展水平，决定着网络安全保障能力。可以说，发展现代互联网产业体系，既依赖安全的网络环境，又为保障安全提供产业和技术支撑。我们要坚持发展与管理并重，把技术支撑和管理制度相结合作为保障安全的有效途径，统一谋划，统一部署，统一推进，统一实施，着力加强顶层设计，加快战略谋划和前瞻部署，加快完善法制和制度环境，为包括互联网产业在内的信息化发展和网络信息安全提供坚实保障。

"十三五"时期发展现代互联网产业体系的重点任务。深入落实网络强国战略部署，根据"十三五"规划纲要的安排，未来五年，将重点围绕以下五个方面推进现代互联网产业体系。

一是加快构建新一代国家信息基础设施。宽带网络是国家战略性公共基础设施，互联网的发展首先得益于网络设施的普及升级。顺应人民群众期待和未来发展需要，"十三五"时期，我国将继续深入实施"宽带中国"战略，开展网络提速降费行动。大力优化国家骨干网络架构，加强云计算数据中心、内容分发网络、物联网感知设施等新型应用基础设施发展，有效保障未来网络流量承载、业务应用的发展和安全需求。同时，面向"互联网+"，加快构建工业互联网、能源互联网、车联网等新型网络体系，下大力气推进网络、数据中心、商业与政务教育类网站等互联网协议第 6 版（IPv6）部署与升级演进，探索国家级未来网络架构的顶层设计，进一步优化网络国际布局，推动网络关键资源国际共治，提升全球地位和辐射能力。

二是加快建立现代信息技术产业体系。技术能力决定产业水平。发展现代互联网产业体系，必须牢牢抓住信息网络技术的"牛鼻子"，着力推进新一代信息通信技术的研发和产业化，加快电子信息产业特别是核心软硬件等关键领域发展，打造国际先进的技术产业生态，使国家信息化建立在坚实的产业基础之上。"十三五"时期，我国将重点发展三个领域的关键技术：

首先是支撑中国制造 2025 的关键共性技术。牢牢把握加快信息化与工业化深度融合这一战略制高点，建立感知、网络、计算、通信等新一代核心技术体系，引导和支持信息技术企业、互联网企业、通信企业与工业企业深度合作，加快在关键领域推动智能工厂等智能制造新模式，大力发展工业互联网，不断推广成功的经验和模式。

其次是引领"互联网+"的重大变革性技术。主要是密切跟踪世界信息技术变革趋势，发挥大国大市场优势，支持云计算、大数据、移动互联网、物联网等在重点行业深化应用，带动高端服务器和存储系统、新型数据库系统、嵌入式操作系统、通用和嵌入式芯片等重点领域的群体性创新。

第三是保障信息安全和产业发展的核心基础和前沿通用技术。一方面是组织实施好《国家集成电路产业发展推进纲要》，发挥产业投资基金支撑引领作用，系统布局产业创新链，实现集成电路、操作系统等核心环节的重点突破。另一方面是加强石墨烯、碳纳米管、智能材料等新材料发展和未来网络、量子通信、5G、生物芯片等领域的开放式创新、试验验证和应用示范，构筑新赛场的先发主导优势。

三是深入实施"互联网+"行动计划。促进互联网深度广泛应用，带动生产模式和组织方式变革，形成网络化、智能化、服务化、协同化的产业发展新形态，是发展现代互联网产业体系的主要内容，核心是按照党中央、国务院部署，实施好"互联网+"行动。这其中，抓好一个结合、发展共享平台、打造"双创"生态至关重要。抓好一个结合，就是大力推进"中国制造+互联网"，加快工业互联网创新发展，充分发挥制造业与互联网融合在重构生产体系、引领组织变革、高效配置资源等方面的作用，集中突破自动控制与感知技术、基础工业软硬件、工业云与智能服务平台等关键技术，培育基于互联网的个性化定制、智能化生产、网络化协同和服务化延伸等新型制造模式，推动形成基于消费需求动态感知的研发、制造、服务新方式。发展共享平台，就是大力发展互联网平台经济，鼓励搭建资源开放共享平台，鼓励和引导创新型互联网金融服务平台健康发展，建立面向小微企业的低成本、多元化、网络化的互联网金融服务体系。支持发展面向大众消费的以租代买、快速响应的共享经济新模式，以互联网综合信息服务平台、线上线下融合（O2O）新技术推动传统生活服务模式和业态创新，积极培育新型信息消费。打造"双创"生态，就是通过完善人才、资本、园区、税收等政策环境，以互联网推动创业创新要素平台化、集聚化和生态化，培育低门槛、广覆盖、有活力的大众创业万众创新生态系统。支持发展市场化与专业化结合、线上与线下互动、孵化与投资衔接的各类创客空间，加快建立一批面向中小企业的技术推广、管理咨询、融资担保、人才培训、市场拓展等信息化综合服务平台，营造创业创新新环境。

四是健全网络安全保障体系。保障网络和信息安全，是关系互联网产业发展的重大问题，具有根本性的影响，其中先进可靠的网络安全保障体系是关键。

五是完善促进互联网发展的协同推进体系。"互联网+"时代的变革对政府管理和行业监管提出了更高要求，如何创新和改善管理服务模式，使各方面工作更好地适应时代需要，成为摆在各级政府部门面前的一个重要课题。总的来讲，对于互联网行业的发展，要坚持"积极利用、科学发展、依法管理、确保安全"的方针，引导互联网产业科学、健康、有序发展。针对不断涌现的新模式新业务，政府管理要着眼于明天、拥抱创新，积极主动的调整监管框架，在推动实践中逐步规范，为互联网产业的发展创造一种公平、公正、合法、合规的外部环境。具体来讲，要加强互联网法治建设，加快电信法、电子商务法、网络安全法等立法，统筹现有法律在网络空间的延伸适用，围绕互联网新业务、新业态、新模式引发的利益冲突、监管缺失等问题，加强前瞻性的法律储备研究，适时废止、修改和补充完善；要切实加强互联网行业管理，强队伍、增能力、建机制，在夯实互联网基础管理的基础上，更加注重以信息化技术和互联网平台为支撑的新型监管方式，形成反应迅速、顺畅有力、协同配合的管理体系；要打造多元化监管格局，倡导行业自律和社会监督，强化互联网平台型企业的平台管理责任，推动形成完善高效、全社会共同参与的互联网综合管理体系。

4. 动能更迭"强节奏"

在中国经济改革转型的进程中，外界想要对这个全球第二大经济体作客观全面的评价并不容易，因为这要求全面把握新旧动能更迭、冷热业态切换的复杂动向。反之，片面分析很容易堕入观察死角，推导出有失偏颇的结论。

就在2016年初国际评级机构标准普尔下调中国主权信用评级展望之际，中国经济又传来了利好消息。

国家统计局4月1日发布的数据显示，2016年3月中国制造业采购经理指数（PMI）为50.2%，比上月上升1.2个百分点，自去年8月以来首次回到荣枯线以上。

这一最新利好消息并非孤例。自2016年初以来，中国经济的暖意，就开始涓涓涌动，渐汇成流。

国家统计局的数据显示，2016年前两个月，规模以上工业企业利润总额同比增长4.8%，一改去年全年利润萎缩的局面。前两个月全社会用电量同比增长2%，其中工业用电量下降2%，而第三产业用电量激增11.9%。相关数据表明，中国政府一系列稳增长政策开始发挥效用的同时，经济结构正悄然优化升级，这种现象引发外界广泛关注。

中国问题专家、前日本产业省官员津上俊哉指出，中国面临的最大课题在于如何一方面淘汰"僵尸企业"，另一方面打造替代发展引擎。他认为，中国在培育服务、信息技术领域新兴企业方面已经取得成果。津上俊哉说，在新常态下，不能再简单地用增长率衡量中国经济，应当全面审视中国经济冷热不均、新旧并存的局面。

见微知著，最新数据让外界有机会量化感受中国经济状况，而深入一线亲眼见证中国经济变化的人则有更直观的感受。

化险咨询亚洲董事总经理安德鲁·吉尔霍尔姆说："去北方工业地区某个炼钢重镇……你会看到衰退。但看一看江苏某个私营服务业公司的表现，或者走访上海的某个开发园区，你又会看到中国仍然享受着两位数增速。"

吉尔霍尔姆观察到的这种现象，正体现出中国经济在变革过程中的高度复杂化、多样化特征：对某些旧行业而言，这是转型升级的关键期；对众多新兴产业而言，这是蓬勃增长的黄金期。对"僵尸企业"而言，谢幕的钟声已然敲响，阵痛也许会更强烈；对创新型企业而言，希望的春天已经到来，发展机遇前所未有。

在本届政府"互联网+""大众创业、万众创新"等政策措施刺激下，中国经济在企稳基础上，日趋走向创新驱动之路，这一新趋势引起观察人士注意。

澳大利亚经济学家郭生祥评价说，最新经济数据表明，中国经济运行正在企稳，同时在去产能、去库存、激发新增长动能等方面开始取得成效，加之结构逐步优化，就业市场稳定，经济发展具有较好前景。

美国《世界政策杂志》网站刊文指出，当前中国经济对国内消费、高技术制造及研发的依赖不断增强，研发投资多年保持两位数增长，显著高于欧美水平，这将深刻重塑全球创投市场。

如今，中国经济已经进入新旧融合、产业分化、动能更迭的新时代。在此背景下，落伍者清盘出局，创新者赢得更大发展空间，新经济乘势而上，创新合作平台不断涌现，资源配置效率显著提升，市场逐步发挥决定性作用。

为加速中国经济切入新发展轨道，本届政府大力实施组织创新、管理创新，促进简政放权、减负增效。通过改革促进新经济、新业态成长，加速以创新驱动取代要素驱动，以内生增长改变过度依赖投资和出口的局面。

改革没有完成时，只有进行时。如今，中国决策层矢志不移促改革，马不停蹄谋创新，不断推出新政策组合。固然，新旧动能转换需要时间。旧行业要升级，过剩产能要退出，都不可能一蹴而就；另一方面，新产业要做大，创新驱动要形成气候，也有待改革政策效能渐次显现。如今，中国改革动力强，内需有空间，发展有韧性，创新有手段。在供给侧结构性改革催动下，中国经济必将经历革旧图新过程，从而加速经济肌体的新陈代谢，在激昂谋变的时代，向着更高层级奋力跃升。

三、新经济未来如何改变中国？

1. 从大数据看新经济发展空间

近两年来，在大量传统产业去库存、去产能压力不减的背景下，影视娱乐、旅游文化、教育医疗等代表的新消费需求逆势井喷。来自中国银联、阿里巴巴、乐视等公司的大数据显示，供给侧改革空间广阔，以"软产业"带动"硬产业"，加速互联网科技融合，正有效改造提升传统产业，成为转型升级的有益探索。

超过 50 亿张银联卡的消费数据显示，2015 年消费增速最快的行业几乎都来自服务业。汽车零配件行业的银联网络消费金额由 2014 年的 264.1 亿元增长至 596.6 亿元，同比上升 125.9%，超过汽车销售行业 0.6% 的消费增速，反映出在汽车产业大规模增长结束后，居民的需求从获得汽车逐步转向维护使用汽车。

物流运输行业（包括快递、货物搬运和托运）银联网络消费金额由 2014 年的 100.4 亿元增长至 351.5 亿元，同比上涨 250.1%，增速较上年同期提高 218.5 个百分点。物流行业呈爆发式发展，网购"剁手党"功不可没。

宠物行业（包括宠物商店和兽医服务）银联网络消费金额由 2014 年的 17.5 亿元增长至 59.1 亿元，同比增长超过 237%。

旅游需求井喷式增长。联合国世界旅游组织预测，2016 年中国仍将继续保持全球第一大出境游市场地位。国家旅游局、联合国世界旅游组织的数据显示，中国出境游人数和旅游消费已持续多年保持全球第一：2013—2015 年，中国公民出境游人数分别为 9819 万人次、1.09 亿人次、1.2 亿人次，境外旅游消费总额分别为 1290 亿美元、1648 亿美元、2495 亿美元。

中国银联网络消费数据显示，2015 年主要节假日旅游售票类用卡消费增长迅速，其中春节、五一劳动节和国庆节期间，包括旅行社和景点售票的旅游类消费金额同比分别增长了 88.2%、57.5% 和 41.2%。

其中，2015 年国庆节期间全国异地加油银联网络消费金额同比增长 39.2%，比整体加油规模增速高出 6.7 个百分点。其中，青岛、西藏两地异地加油占比分别高达 54.5% 和 58.5%。异地加油占比的提升显示出节假日期间居民自驾游逐步增多。

在中西部地区，旅游消费需求也井喷式增长。以甘肃省统计数据为例，文化旅游是在经济下行情况下，唯一高速增长的产业，2014 年和 2015 年，全省文化产业增加值增速分别同比增长 25.7%、18.2%，旅游综合收入增速分别同比增长 26%、25%。2015 年，甘肃省文化旅游产业带动投资 380 亿元，拉动经济增长 0.78 个百分点，对三产的贡献率达到 20%，带动全省新增就业 8 万人，乡村旅游帮助 17 万人脱贫。

健康消费从"有病治病"向"无病预防"转变。来自阿里巴巴的数据显示，近 2 年来阿里零售平台上医药产品、健康产品和医疗健康服务等健康消费高速增长，诸如基因检测、癌症筛查、孕产服务包等产品和服务需求快速升级，居民健康消费正从"有病治病"向"无病预防"转变。

2015 年"双 11"，阿里巴巴平台以智能手表、手环为代表的可穿戴设备同比增长接近 5 倍，健康护理服务增长 205%，健康和意外保险增长 432%。据天猫医药馆公开数据显示，2015 年双 11 期间，和睦家医疗 80220 元的"产前检查+剖宫产后顺产优惠套餐"成为天猫医药馆"双 11"单价最高的商品；通策医疗服务旗舰店一天内就卖出 500 余颗种植牙。

中国成全球增速最快、潜力最大影视市场。据广电总局公布的数据，2015 年我国电影总票房为 440.69 亿元，同比增长 48.7%；全年观影人次 12.6 亿，同比增长 51.08%。Imax 首席执行官 Rich Gelfond 预测，中国将在 2017 年超越美国成为全球最大的电影市场。

来自乐视的数据则显示，强大的内容版权库和内容生产能力，成为其向智能硬件进军的"引燃剂"。凭借 10 万集电视剧、5000 部电影的海量内容，以及欧冠、英超、温网、环法、F1 等在内的 250 多项赛事版权，乐视 2013 年初涉智能电视生产，当年便售出 30 万台，2014 年售出 150 万台，2015 年售出 300 万台，而同期中国彩电市场零售量同比增速仅为 4.8%。据估算，乐视每 1 元影视文化消费，带动的智能硬件、网络流量、边看边买等消费接近 100 元。

乐视提出"产业垂直整合将战胜传统专业化分工"的新经济观点，不仅实现了"软产业"带动"硬产业",也有望通过硬件出口,带动文化软实力的出口。乐视网信息技术(北京)股份有限公司副总裁刘淼表示,通过智能电视占领欧美客厅,依托跨文化认同度较高的多类智能终端设备及互联网平台,以乐视为代表的中国企业也完全可以向欧美日韩等输出中国民族文化和价值观,目前,乐视投拍的《甄嬛传》《芈月传》等均在海外市场受到欢迎。

新经济曙光初现"抓新放旧"焕发生机。发展新经济、培育新动能,是当前推进供给侧结构性改革的重要内容。财新智库与 BBD(成都数联铭品科技有限公司)联合发布的中国新经济指数显示,2016 年开春以来,新经济脉络若隐若现、缓慢爬升。2016 年 3 月,中国新经济指数为 32.1,即占整个经济的比重为 32.1%,虽比 2 月的 32.3 下降 0.2 个百分点,但仍比 2015 年 8 月的第二高值上升了 2 个百分点。

数据公司万得资讯对 A 股部分上市公司 2015 年财报分析也发现,住宿服务、商业服务、信息技术、科学研究、运输和零售部门等"新"经济企业,业绩表现明显优于建筑业、制造业、采矿业和房地产业等"旧"经济企业。

"如果未来三至五年新经济的规模逐步扩大,足够抵消旧经济放慢带来的影响,中国经济可避免衰退式调整。"财新智库董事总经理、原花旗大中华区首席经济学家沈明高说,"'抓新放旧'应是未来政策的主基调。未来政策的重点在于:第一,加快改革政策落地,释放新经济的活力和潜力;第二,将资源配置向新经济倾斜,而不是过度依赖房地产业加杠杆;最后,加快培养创新型人才,提高新经济效率。"

传统企业也可焕发新动能。在出席 2016 年夏季达沃斯论坛期间,李克强总理在天津进行考察调研。李克强来到有着 60 多年历史的老企业——天津光电集团与技术人员交流,对企业落实创新驱动发展战略,开展大众创业、万众创新,鼓励研发人员带着科技成果创办新企业,使成果转化效率和经济效益明显提升表示赞许。他说,国有大企业要在市场的风浪中挺立潮头,就要用好创业创新的"冲浪板"。要加快转变传统发展模式,健全有利于激发"双创"潜力的机制,把技术、人才等方面的优势更好发挥出来,以创业创新推动企业"裂变式"成长,增强发展的内生动力。

卓朗科技是依托大数据、云计算等为传统制造业转型升级提供技术和信息服务的新兴科技企业。企业负责人向李克强介绍了他们开发的"万企转型升级平台"和运行的成效。李克强说，服务型平台企业是新模式，也为传统制造业转型发挥了强大的助推作用，这充分说明新经济发展与传统产业升级有巨大的互促共进、融合发展空间，在一定意义上包含着推动传统产业改造的新技术等多种要素。要立足创新驱动，鼓励发展更多有效聚合政府、企业、社会等多方资源和创新要素的服务型平台，使各具优势的个体成为极具价值的联合创造者，使资源更好对接需求实现优化配置，服务传统企业化解过剩产能、改造升级的巨大市场，携手开辟发展新天地，做强新动能成长和传统产业转型这对推动中国经济升级发展的"双引擎"。

"飞鸽"是新中国第一个自行车民族品牌，随着国际国内市场竞争加剧，也面临巨大的转型压力。李克强走进飞鸽自行车体验店，在新近上市的智能自行车前，他详细了解车载通信、运动音乐、健康数据监测等新功能。李克强说，"飞鸽"等老品牌企业承载着几代中国人的历史记忆，要在新起点上再创辉煌，必须插上改革和创新这对翅膀。要以时不我待的紧迫感加快转型、抢抓机遇，紧贴市场需求，大力弘扬勇于开拓的企业家精神和精益求精的工匠精神，做强主业，不断推出能够满足个性化需求、有竞争力的新产品新服务，使老树发新枝，打造更多百年老店。

李克强听取天津市推进简政放权、放管结合、优化服务改革等情况汇报，对他们创新机制促进民间投资增长、扶持中小微企业发展表示肯定。他说，民营经济和中小微企业是经济发展的生力军，要继续坚持"两个毫不动摇"，为他们发展创造有利环境，对创新势能大、潜力足的要给予政策倾斜，把政府转变职能作为释放民间投资潜力的关键环节和供给侧结构性改革的重要内容，促进更多中小微企业幼苗成长壮大，增强经济转型升级的支撑力量。

2. 看各地新经济风起云涌

尽管全球经济依旧低迷，然而新的发展动能正在孕育。2016年6月天津夏季达沃斯论坛期间，中国谋求供给侧结构性改革的一系列综合举措吸引了世界目光。与会专家认为，中国当前立足转型的改革创新有利于全球经济长远发展。

进入新常态的中国经济，面临一系列新的矛盾和问题。粗放式发展模式下，部分产业的产能过剩，而环境保护、科技创新等领域尚存在着短板。

正视问题，中国政府决策坚持问题导向，积极推进新一轮经济改革。"过去几十年来，围绕需求侧的管理就像是西医治病，发现问题就把它熨平。而供给侧改革则像中医养生，是从调整身体肌理方面使人健康。"达沃斯论坛嘉宾、中国民生银行研究院院长黄剑辉说。

这种从生产供给端入手，促进过剩产能有效化解的同时，积极稳妥地创造新供给，满足新需求，发展新经济，打造经济发展的新动能的改革之路，在今年夏季达沃斯论坛获得了更多认同。

世界经济论坛执行董事、大中华区首席代表艾德维表示，中国经济正在转型，产业结构发生了显著变化，服务业超越制造业成为国民经济的最大贡献者，占 GDP 的半壁江山。同时，中国积极发展制造业，推进供给侧改革，旨在将一些效率较低的部门转型为基于市场且富有竞争力的生产部门。"在第四次工业革命涉及的各主要领域，全世界都期待中国发挥关键作用。"他说。

世界经济论坛创始人兼执行主席克劳斯·施瓦布认为，中国推进供给侧结构性改革是绝对正确的，其目的是解放生产力，通过刺激国内消费、刺激服务业经济发展，促进高科技产业发展，释放增长活力。

"眼前我们最紧迫的任务，就是如何面对产能过剩、去产能的问题。"国家发改委主任徐绍史在达沃斯论坛上表示，今后五年中国钢铁的产能要去掉 1 亿—1.5 亿吨，煤炭产能要去掉 5 亿吨。

徐绍史介绍，2016 年中国煤炭去产能将达 2.8 亿吨，涉及需要安置的员工 70 万人，要去掉的钢铁产能是 4500 万吨，涉及需要安置的职工有 18 万人，"为此，我们制定了八个配套文件已经下发，现在正有序地推进。"

"改革自然会带来一些社会成本，如产业升级，先进技术的应用会造成一些工人下岗。"艾德维说，"但我们很高兴地看到，中国领导层对改革进程精心设计，步骤稳妥有序。"他表示，中国的改革计划很好地吸纳了工业革命的好处，同时把不利影响降低到最低限度，可谓扬长避短，取其精华，去其糟粕。

与会专家注意到，中国在推进以"去产能、去库存、去杠杆、降成本、补短板"五项重点任务来促进产业优化重组、降低企业成本的同时，还在积极通过政策支持推动创新引领，通过市场环境来支持新产业、新技术、新模式、新业态的发展，使得新动能更快成长。

从被称为中国"工业 4.0"规划的《中国制造 2025》到"创新 2.0"下的"互联网+"，中国创新正在传统制造业和互联网新兴行业实现两翼突破。从"十三五"规划将创新视为第一大理念到鼓励大众创业、万众创新，中国创新正在顶层设计和草根力量两端共同发力。

伴随着人工智能、VR 技术、无人机等成为论坛热议话题，专家们看到，中国有更多的原创技术产品能够得以更快地进入市场，满足客户需求。在中国发展环境的改善和资本市场的支持下，科技和商业互相借力，实现了更快发展。

小米科技董事长雷军在会上表示，中国创业环境发生了翻天覆地的变化，新型孵化器等一系列政策、舆论环境引导，加上移动互联网的普及使中国的创业人数越来越多，创新的企业层出不穷。

"从长远看，中国经济今天增长速度稍微慢一点，借此机会调整到位，未来能够对世界经济做出更大的贡献。"经济学家李稻葵说。

从加工贸易平台到新经济聚焦地——"世界工厂"东莞的变化。"三来一补"起家、成为"世界工厂"、海外客商云集……敢为天下先的开拓精神，让广东省东莞市成为沿海外向型经济的代表。

然而近年来，由于受到国际金融危机和国内成本上升的双重冲击，以加工贸易为主体的"东莞模式"遭遇"成长的烦恼"：海外订单减少、企业利润下降、经济减速……面对困难和挑战，东莞开始改变过去主要依靠人力、资本、土地和环境投入等要素驱动的经济发展方式，向创新要驱动力，培育竞争新优势，取得阶段性成效。

在国际经济形势复杂、国内经济下行压力大的情况下，东莞视"平台期"

为机遇期,超前引领、苦练内功、积极作为,经济步入中高速增长轨道,产业正迈向中高端水平。

身处改革开放前沿珠三角的东莞,依靠实施外向带动的经济战略,GDP长期平均增速高达17%,成为全国第五、广东第二的外贸大市。

2008年,国际金融危机来袭,成为东莞经济发展的"分水岭"。在国内要素成本上升、国外市场低迷的"双重挤压"下,东莞经济不断下滑,2012年一季度GDP增速低至1.3%。

"2008年后一段时间,不少人还期望外向型经济复苏,但欧美市场长期不景气,加上很多产业更新换代,这一幻想很快破灭了。"东莞市统计局副局长冯坚回忆说。

危机面前,东莞没有失去信心和定力,而是围绕稳增长、调结构、转方式布局新的发展战略。扶持实体经济发展、实施"东莞制造2025"战略、发展机器人智能装备产业……2013年开始,东莞市政府每年的"一号文"都聚焦实体经济发展,力求给市场主体提供更宽松的环境、激发其发展活力。

而东莞市委的"一号文",更是就提高开放型经济水平、全面深化改革、建设法治东莞等重大问题出台重要战略和配套举措。

及时谋篇布局,让经历"阵痛"的东莞经济,开始呈现稳住阵脚、迈向"双中高"的态势。2012年一季度开始,东莞GDP增速呈现出平稳爬升的态势。"十二五"期间,东莞经济年均增长7.93%,平稳过渡到中高速增长状态。

与此同时,越来越多的企业参与国际竞争与合作,推动区域产业迈向中高端水平。华为终端、维沃、欧珀、金立等大型移动通讯企业的崛起,使东莞成为全球最重要的智能手机生产基地之一。去年东莞智能手机出货量达2.6亿部,占全球市场份额超过六分之一。

据步步高集团维沃移动通信有限公司高级副总裁胡柏山介绍,维沃手机已向东南亚地区出口,并在印度设立工厂,在当地形成生产、销售产业链,年出口量接近300万台,开始朝国际品牌迈进。

2015年年初,曾被视为"东莞名片"的诺基亚工厂搬离,但仅仅几个月后,其生活区就被改造成聚大电商产业园,家具、电子、服饰、通信等行业的 80 多家企业相继入驻。

这一变迁，是当前东莞经济各种新技术、新业态、新模式不断发展的代表。

南城、长安、横沥、大岭山……通过走访东莞多个镇街我们发现，当地虽有一些企业撤离，但它们腾出的空间很快被更有竞争力的企业、更新颖的产业模式占据，健康的"新陈代谢"正在发生。

横沥镇委书记陈锡稳说，作为广东省模具制造专业镇，我们模具行业产值每年增长 20% 以上。2015 年全镇厂房基本"零空置"，而且厂房租金年年上涨。

与此同时，以新技术为支撑的"智能生产"正在逐步取代"汗水车间"，推动东莞产业结构转型升级。

东莞劲胜精密组件股份有限公司的一个车间内，上百支机械手正在同步打磨一款三星手机的金属外壳。公司行政副总裁黄河介绍，经过智能升级的生产线运行起来，可让生产效率提高 20%、产品不良率降低 30%。

如今，东莞产业结构正从劳动密集型为主转变为劳动密集和技术、资金密集型并重，经济"含金量"逐步提升。2010 年，传统制造业占规模以上工业比重达 22.9%，目前这一数据已下降至 18.8%。

东莞的开放格局也从外向依赖向内外并重逐步转变，经济对外依存度大幅下降，多家东莞民营企业正加快"走出去"步伐。

华坚国际股份有限公司 2011 年在埃塞俄比亚投资设厂，成为该国最大出口企业。公司副总经理刘翼孔说，2015 年开始与埃方合作建设华坚国际轻工业园，16 家东莞企业已签订进驻协议。

东莞市常务副市长张科说，东莞外资和民营"比翼齐飞"、出口和内销"两分天下"、引进来和走出去"双轮并驱"的格局已初步形成。

由于长期依赖"两头在外"的外向型经济和高等院校数量较少，研发投入不足、人才资源短缺成为东莞经济转型的明显"短板"。东莞党政干部和企业家们及早布局、迎难而上。2015 年，东莞全社会研发投入达 146 亿元，比 2010 年增长 1.8 倍。

广东拓斯达科技有限公司董事长吴丰礼说，企业2007年成立时就遭遇客户"跑路"、差点关门等困难，但去年产值却接近3亿元，关键原因就是研发舍得投入，700名员工中有200多人负责技术攻关，每年8%的产值投入研发领域。

为优化人才结构，东莞这几年主动"傍科技大款"，每年安排20亿元的"科技东莞"资金和10亿元的"人才东莞"资金，不断去高等院校、科研机构引进创新资源，使人才总量5年增加了22万人。

如今，东莞已拥有986家创新型企业，智能手机、机器人等新产业形成规模，电子商务、现代物流等新业态、新模式生机蓬勃。稳增长、调结构、转方式成效来之不易，但东莞市委、市政府清醒地认识到，当前东莞企业总体创新能力仍偏弱，具有较强竞争能力的大产业、大项目不多，转型升级需要保持定力、久久为功。

东莞市委书记徐建华表示，结构调整、动力转换是一个过程，不能取得一点成绩就沾沾自喜。东莞将在未来的工作中选择重点、精准发力，持续推动创新驱动发展、对外开放合作、重点改革突破走在前列。

东莞的加工贸易对全球有多重要可能大多数人意识不到，但有一句"东莞塞车、全球缺货"的说法形象地道出了东莞在加工贸易业界的地位。在全球制造业上一轮转移浪潮中，东莞凭借毗邻香港、劳动力及土地成本低等优势，成为闻名中外的"世界工厂"。

如今，东莞毅然转向"创新路"，盘活存量、引入增量、深化改革，不断激发新活力、打造新业态、释放新红利，书写"中国制造"转型升级新诗篇。

近年来，严重依赖外向型经济的东莞经济下行压力明显加大。不愿坐以待毙的东莞企业家们，以壮士断腕的勇气和决心调整存量，让传统制造业激发出新活力。

易事特集团董事长何思模说，给别的品牌做代工挣的只是小钱，而且十分被动，没有发言权。于是，企业一边贴牌生产、一边打造自主品牌，一边专注电源产品、一边研发新型光伏发电站裂变系统，如今已拥有全资或控股子公司近50家，在全球设立268个客户中心，产品出口100多个国家和地区。

越来越多的东莞加工贸易企业像易事特一样创立自主品牌，努力打破对境外市场的依赖。东莞市商务局党组书记陈仲球告诉记者，东莞7000多家来料加工企业中，超过5000家已转为法人企业，转型企业中有65%新开展内销业务、18.5%收购或创建自主品牌。

致力于转型发展、二次创业，东莞传统产业正在发生革命性变化。

广东步步高集团成立广东欧珀移动通信有限公司，主攻智能手机和高端影音设备。2015年，欧珀智能手机总销量接近5000万台，以3.8%的市场份额成为全球第八大手机厂商。

"2008年之前东莞没有一家企业年主营收入超百亿元，被称作'满天星斗、不见明月'。"东莞市经信局总经济师张宇晴说，通过实施百亿元企业培育工程，东莞主营业务收入超百亿元的企业已有12家。

智能家具、视觉筛选、数控切割……漫步在东莞市大岭山镇华科城博创园我们看到，曾经的富士施乐工厂车间和员工宿舍，已被广东华中科技大学工业技术研究院改造成崭新的创业孵化器载体，短短半年就有36家新型企业入驻，其中有6个博士团队。

这所工业技术研究院由东莞市政府、广东省科技厅和华中科技大学共建。工研院常务副院长张国军说，他们致力于打造孵化器，希望成为未来产业发展的"引航员"。

为引入外来增量，缺乏高校和人才的东莞这几年主动"傍科技大款"，去各地高等院校、科研机构引进创新资源，涌现出27家新型研发机构，并以企业为主体引进26个省级创新团队。"十二五"期间，东莞经济新业态蓬勃发展，京东、阿里巴巴、1号店等电商龙头企业相继落户，对经济发展的贡献和支撑作用日益突出。据当地商务部门估算，2015年全市电子商务交易额达3390亿元，超过广东省总量十分之一。

除加大创新力度外，东莞进一步简政放权、放管结合、优化服务，打破束缚社会创造力的条条框框，用深化改革释放新红利。

2014年，松山湖红杉生物有限公司体外诊断试剂原料研发生产项目从取得土地到开始动工，整个审批时间仅用了43天。由于抢抓施工黄金期，公司节省资金成本上百万元。据东莞市委政研室主任叶淦奎介绍，为改变以前一些部门审批手续办理难、耗时长且交叉进行的问题，东莞实施项目投资建设直接落地改革，将多项程序变串联为并联，使整体审批时间减少至少 3个月。

2015 年，东莞实施企业登记注册"一网通"改革，企业取得工商营业执照后登记注册的业务均可在网上一站式、全流程、无纸化办理，实现"零跑动"。东莞还试行企业投资项目负面清单管理制度，企业投资项目实行网上备案后，资料齐全的 2 天内可以完成立项。

改革效果立竿见影。2015 年，经东莞市发改系统完成固定资产计划总投资约 1723.11 亿元，同比增长约 21%，为下一步促进投资发展积蓄了后劲。东莞市委书记徐建华说，东莞将继续围绕打造市场化、法治化、国际化营商环境、完善创新驱动发展体系、转变经济发展方式等重点工作，力争使重要领域和关键环节的改革取得决定性成果。

坚守中寻找新动力——杭州。烟花三月，春花胜雪。国内多数地方寒意虽在，但春风已掠过西子湖畔，树枝已抽出新芽。

杭州，这座古老又年轻的城市正用自己的方式交出漂亮的经济"成绩单"：2015 年加入"万亿俱乐部"，GDP 增速超过 10%，分别高于全国、全省 3.3 和2.2 个百分点。

服务业增加值比重接近发达国家平均水平……一个"新杭州"正在中国东部沿海悄然崛起。

步入杭州新松机器人自动化股份有限公司，仿佛到了"机器人世界"：焊接机器人在操作台上灵活地挥舞着手臂，搬动机器人把仓库中的货物码得精准而整齐，迎宾机器人端着托盘边卖萌边同你对话……"作为现代制造服务业，我们的客户已超过千家，产品远销十几个发达国家和地区。"总经理李正刚说。

新松是杭州市服务经济的一个缩影。在杭州 2015 年的万亿元 GDP 中，服务业增加值达 5855 亿元。"杭州市三次产业结构为 2.9：38.9：58.2，服务业增加值比重已接近发达国家 60% 的平均水平，对 GDP 贡献率达 74.6%，而且日趋高端化。"杭州市委常委、常务副市长马晓晖说。

围绕这一"首位经济"，杭州市开展健康服务业发展试点，推进电子商务与物流快递协同发展试点，组建总部经济、文化创意、金融服务等专业招商组，加强服务业重大项目招引，《关于深入推进文化创意产业与相关产业融合发展的实施意见》等一系列产业政策陆续编制或出台。

服务业中，文创产业异军突起。据统计，2015 年全市文创产业实现增加值 2232 亿元，增长 20.4%，占全市 GDP 比重为 22.2%。靠工程建筑起家的中南集团 13 年前进军文创产业，动漫产业收入和利润逐年上升。"正如文创产业在杭州市经济结构中的地位那样，动漫产业在整个集团业务中的分量也越来越重。"中南卡通总经理沈玉良说。

经济增长动能减弱、增长势头乏力，新的增长点在哪里，是不少地方面临的困惑。曾同样苦恼的杭州市，早在 2014 年提出以发展信息经济、推动智慧应用为主要内容的"一号工程"，推进产业智慧化、智慧产业化。

生产飞机上密封垫圈的浙江歌瑞新材料有限公司曾为欧洲空客配套，耗时两年改进生产，却一直达不到对方要求。最后一次审核来临前，公司辗转找到浙江力太科技有限公司，利用其"工厂物联网+在线监控+全程追溯"，12 天上线，2 天后通过审核，成为浙江首个与欧洲空客实现配套的供应商。

致力于为企业提供"工厂物联网+智能制造管理软件+信息集成"解决方案的力太科技，已为国内 81 家制造业客户提供了智能化程度不同的解决方案。董事长李善通说，力太科技是杭州市推进"产业智慧化"的一个案例。

在杭州成长起来的阿里巴巴，正成为信息经济的发动机与播种机，杭州与阿里巴巴的战略合作，已聚焦到实施云计算大数据、电子商务等领域 27 个重点项目。在滨江区，已形成电子商务、智慧互联、智慧安防、智慧医疗、智慧环保等信息经济产业集群，滨江区 2015 年 GDP 增速 13%，并呈逐年攀升之势。

杭州市经信委主任洪庆华认为，经济高增速的背后，是信息经济正在帮助杭州完成"新旧动力"的转换接续：2015 年，杭州实现信息经济增加值占GDP 比重上升到 23%，对 GDP 增长贡献率达 45%以上。

在开张不久的杭州城北跨境保税国际街意大利馆中，于意大利经商多年的温州人纪冬昀正在向顾客大声推介。120平方米区域内展示着数百款意大利商品,顾客可以现场购买完税后的商品,也可以线上下单,享受保税价。记者注意到,即使完税后的商品也不算太贵,不少意大利原装红酒仅一两百元人民币。

据中国(杭州)跨境电商综合试验区建设领导小组办公室常务副主任王翀介绍,这条进口商品电子商务体验街区,是中国跨境电商综合试验区落地杭州后建成的,目前已有意大利馆、保加利亚馆等国家馆和数十家跨境贸易电商入驻,"市民可以体验动动手指'买全球'"。

与此同时,综试区还助推中国企业"卖全球",在物流仓储等方面通过制度创新千方百计为企业降成本,在"关检汇税"等手续办理环节为企业提速。自2015年7月开始,综试区联合阿里巴巴,组织各地通过各种方式引导传统外贸和制造业企业上线经营,增强企业线上交易能力。

到2015年年底,杭州市跨境电商交易规模从2014年不足2000万美元快速增至34.64亿美元,实现跨境电商进口11.91亿美元,出口22.73亿美元,拉动杭州外贸出口增长5.4个百分点,仅在阿里巴巴国际站上经营的杭州企业数就超过3500家,新增有实绩企业超过1500家。

实现梦想,也许只需要一杯咖啡的时间。

"在我这间咖啡屋里,花上18元要一杯咖啡,无限续杯,你可以耗上一天时间,让创意、资金、人才在这里碰撞。"在杭州市跨贸小镇拾青资本创始人葛志松的咖啡屋中,他滔滔不绝地向记者讲道。"在这里,好的点子马上就会被买走,投资者会找到好项目;老板会觅得优秀员工,人才会找到自己可以施展空间的公司。对创业者来说,实现自己的梦想,也许只需要一杯咖啡的时间。"

曾在上市公司旗下担任企业高管的罗仙林,就在2015年这一年实现了自己的梦想。他辞职创办了依托互联网的品牌长租公寓公司——驻客公寓,并和其他十几位创业者一起,在杭州城西的梦想小镇参加了几场大型路演,受到投资人青睐,很快融到了第一笔资金,新一轮融资也即将尘埃落定。

创业创新的能力,决定着一个城市能走多远。跨贸小镇、梦想小镇作为杭州市创业创新的重要平台，正成为"新经济"的发动机。2015 年，杭州共创建省市两级特色小镇 41 个，14 家众创空间纳入国家级科技企业孵化器管理体系，市级认定的众创空间 45 家，累计入驻团队或项目 1430 个，已注册企业近千家。

据杭州市科学技术委员会介绍，反映城市创新水平的全社会 R&D 经费支出占杭州地区生产总值比重，从 2010 年的 2.75%提高到 2015 年的 3%，当年杭州市实现高新技术产业增加值 1212.6 亿元，增长 9.8%。杭州市被国家有关部委批准为国家创新型试点城市、国家知识产权示范城市等。

杭州企业为何能行？除了政府的大力支持，"主要看气质"。这"气质"，很大程度上就是今年政府工作报告中提到的"工匠精神"。

由一个家庭作坊式小厂发展成为中国工业电器龙头企业和新能源领军企业，正泰集团靠的是什么？集团董事长南存辉将秘诀形象地概括为："听中央的，看欧美的，干自己的。"正泰集团自 1984 年创建起，就一门心思搞制造，不偷懒，不贪心。从"让电尽其所能"到"让电无所不能"，在坚守中，正泰逐步找到了自己的发展之路。

全球最大视频监控设备生产企业之一的海康威视，10 多年来也一直专注在视频、监控、安防等领域。海康副总裁郑一波说："面对诱惑，我们很清楚自己能做什么、想做成什么。"

饮料业"大户"娃哈哈，更是"坚守"的典型。在集团董事长宗庆后看来，食品饮料行业永远是朝阳产业，这个主业，他们不会变，而且还要继续做大做强。

自 2015 年 11 月以来，"供给侧改革"备受瞩目。事实上，杭州的企业早就在做"供给侧改革"。

正泰集团近年来积极推动产业结构调整，对老旧产品进行压缩、去库存，积极拓展高端市场业务。2015 年，集团主营业务同比增长 15%，其中光伏业务增长近 80%。

娃哈哈也在供给侧上狠下功夫。随着人们对健康的重视程度越来越高，娃哈哈把保健食品作为企业转型升级的重要方向之一，以生物工程和中医食疗为突破口促进产品升级。

除了"卖产品",杭州不少企业也开始"卖服务"。创建于1986年的传化集团就是其中一个典型。针对公路物流行业一直以来"散、小、乱、弱、差"的状况,传化集团于2003年在全国首创了"公路港物流服务平台"模式,并计划到2022年形成全国性的公路港网络。

创新,是企业发展之基。中国制造要向中高端迈进,离不开孜孜不倦的创新。"存钱不如存技术",正泰集团创业初期,实行股东不分红,把利润全部用于技术研发和扩大再生产。如今,正泰集团一年投入研发费用近20亿元,仅2015年高端智能电器研发投入就达8亿元。创新,关键在人。海康威视的研发团队,从创建初期的20几人,发展到如今的6000多人,"工程师文化"给海康创造了极大的效益,也为它在国内外品牌影响力的不断提升奠定了坚实的基础,例如,北京奥运会、上海世博会、国庆60周年大阅兵、巴西世界杯场馆等重大安保项目的参与。创新,孕育智造。娃哈哈一条生产线每小时能生产5.4万瓶纯净水,相当于每秒生产15瓶。目前该生产线正在从自动化向智能化升级。此外,娃哈哈还完成了多款机器人本体的研发,应用于集团食品饮料生产线上产品装箱、码垛等领域。在"互联网+"环境下,传化集团搭建了"智能公路物流网络运营系统",通过"物流+互联网+金融"为我国公路网"硬件"装上"软件"。工业化、信息化深度融合带来的新机遇,让越来越多的杭州企业向智能制造走近。

锻造创新的"金钥匙"——重庆两江新区。重庆市两江新区致力于打造统筹城乡综合配套改革试验的先行区、内陆重要的先进制造业和现代服务业基地、长江上游地区的金融中心和创新中心、内陆地区对外开放的重要门户、科学发展的示范窗口。

走进这片1200平方公里的热土,笔者看到当地以改革促转型促开放促创新、融入全球经济大格局的两江故事。面对经济新常态,重庆两江新区坚持锻造好创新这把"金钥匙",以模式和技术创新打造产业新生态,以机制创新拓展开放新格局,以体制创新优化发展环境,为转方式、调结构注入强劲动能。

两江水土高新园，拥有京东方投资 300 多亿元打造的高端显示产业群，陆续推出全球首款 10K 超高清显示屏等前沿产品；由奥特斯公司投资的高端半导体封装载板制造工厂，两个多月前刚刚投产；在保税港区，以笔记本电脑为主的智能终端产品基地，年产能突破 4000 万台件⋯⋯

由一批全球行业巨头牵引，囊括芯片、显示、核心配套和各类终端的庞大电子信息集群，在两江新区基本形成，2015 年产值突破 800 亿元。

"电子产业从无到有，持续壮大，关键在于产业组织模式的创新。"重庆两江新区管委会常务副主任汤宗伟说，他们根据内陆实际，打破传统的来料加工、"两头在外"模式，探索"整机+零部件""制造+研发+结算"的垂直整合，实现了产业链和价值链双重提升。

两江新区还积极围绕产业链部署创新链，助推各类市场主体抢占新技术、新产业高地。在地处两江的中科院重庆研究院，3D 打印机器人、手术机器人等多个国内领先的研发成果引来社会资本追捧，迅速迈向产业化。重庆华数机器人公司等一批企业则聚焦多轴多关节工业机器人领域，实现控制器、伺服电机、伺服驱动器等关键部件国产化。在创新引领下，新区战略性新兴产业已拓展到电子核心部件、云计算及物联网、新能源、新材料等十大领域。到 2020 年将占工业总产值 40%。

2016 年初，注册于两江新区的重庆咖啡交易中心开业，全年将出口 3000 标箱咖啡产品，咖啡交易额可达 20 多亿元，5 年后有望打造成面向欧亚市场的国内最大咖啡电子交易平台。而这些都得益于打通中欧班列、口岸平台和贸易多元化等一系列机制创新带来的红利。

近年来，两江新区围绕大通道、大通关、大平台，大胆改革创新、积极先行先试，迈上融入全球大市场的"快车道"。

以"合格假定"理念创新跨境电子商务监管，依托中欧班列优势，吸引唯品会、麦乐购等 160 家龙头企业入驻，成为西部跨境电商聚集地。探索将线上交易和线下体验结合，开创保税商品展示交易新业态，2015 年交易额突破 10 亿元。创新构建"港口、口岸、保税"三合一的一类口岸功能，形成重庆服务全球市场的核心口岸体系。

　　随着"一带一路"战略和长江经济带建设推进，两江新区加快机制创新步伐，依托东联长江黄金水道、西接丝绸之路经济带的通道优势，积极发挥联接点作用。在两江新区果园港，港区负责人介绍；通过与中欧班列、东部沿海港口等建立联动机制，水水中转和铁水联运线路突破10条，2016年吞吐量可达1200万吨。

　　梳理两江新区的"经济账本"，一组数字引人注目：每年新设市场主体近9000户；129家世界500强企业入驻，占重庆全市一半；聚集科技型、创新型企业2000余家。创新、创业活力涌动的背后，是政府大力改革创新、"自我革命"，营造优质的营商环境。

　　在两江新区，经济运行局统一承担4个部门的职能，建设管理局对应原来的9个部门，工商、质监、食药监等合而为一，同质、交叉事务合并办理。两江新区规定，不涉及土地、财政补贴政策的社会投资项目，只需备案，不再审批；对符合产业布局要求的外商投资项目，外资主管部门不再前置审批。目前，新区行政审批事项精简为120余项，所有审批事项要素实现上线运行。规范涉企收费方面，两江新区率先实现"清单之外无收费"，并大幅减并收费事项。比如，新设生产性用地项目，从企业注册登记到项目建设完工涉及的34项收费事项，取消、减免或全额抵减11项，清理中介服务62项，其中半数予以取消或大幅降低收费标准。

　　此外，作为内陆第一个国家级开放开发新区，重庆两江新区成立之初便以生态文明为先导，积极探索发展绿色经济，加强生态环境保护。以全国首个山地"海绵城市"试点——悦来新城为起点，正努力打造一座"会呼吸"的山水园林城市，让城市留得住绿水青山，让市民记得住悠悠乡愁。

　　在新城会展公园山顶的一幢公共建筑屋顶，笔者发现和一般进行防水和硬化处理的屋顶不同，这里的屋顶分布着十几个大小不一的花园。重庆悦来投资集团有限公司总经理熊寄然告诉记者，这些花园能够吸纳部分降雨，而其他的雨水则通过屋顶和楼面的各种收集管网统一汇集到大楼旁的雨水收集池。雨水经沉沙过滤后，可以用来进行植物浇灌。

　　在大楼不远处，一个5000平方米的水塘在钢筋水泥的包围中格外显眼。

熊寄然介绍，这以前是口山坪塘，在建设过程中特意保留的，将来可以改造为调蓄池，用作雨水的储存、净化和再利用，同时与绿带内的景观和湿地打造有机结合成一个整体。重庆属于丘陵地貌，高差大，雨水储存和输送具有天然优势：收集的雨水通过植草沟和雨水花园进入调蓄池，调蓄池对进入其中的雨水进行净化后，再输送至海拔低处，用于路面冲洗、苗木浇灌和回补地下水。

熊寄然表示，山地城市的海绵城市建设，更多的是保留地块中的崖、溪、谷、岸等原有自然地貌，依山就势，顺势而为，以建筑、道路、绿地等城市基础设施作为载体，通过"渗、滞、蓄、净、用、排"等技术，来设置各种可吸水的"海绵体"。

业界普遍认为，悦来新城"海绵城市"建设在提高城市防洪排涝减灾能力、解决山地城市多点内涝问题、改善城市生态环境、减少能耗压力方面均具有重要作用，将为打造西部地区"海绵城市"提供样本。重庆市城乡建委相关负责人介绍说，山地城市比平原城市在相同面积内集流时间更短，其凹点成为山地道路的多点"下沉式"积水易涝点。而悦来新城通过打造阶梯式"拦水"海绵体，减缓雨水沿纵坡方向的速度，从而解决山地城市凹点积水的难题，降低城市内涝风险。

负责悦来新城交通道路规划设计的一位负责人告诉笔者，以道路雨水为例，传统的雨水排放方式会迅速排走并汇入就近水系，雨水中携带的杂质和污染物也一并流进江河，容易对江河造成污染，而现在的植草沟技术则将道路雨水留了下来。此外，重庆虽然坐拥三峡库区水资源，但高差大的地形、深切的河谷导致水资源开发利用难度大、成本高，人均水资源量低。熊寄然说，作为山地城市，重庆市悦来新城海绵城市建设最大的特点就在于对地形的利用，试点区域具有阶梯式地形特点，最大高程差达到 220 米左右，整个区域的海绵建设遵循高收低用原则，实现阶梯式雨水循环利用，充分节约能源。

悦来新城的山地海绵城市建设，只是两江新区绿色发展的一个缩影，近年来，两江新区的开发开放始终坚持环保先行、生态第一的理念，非常重视对自然资源的保护和尊重。在大规模的开发建设过程中，充分结合地形进行规划，既节省大笔资金，又保护山城特色面貌。

新区管委会相关负责人介绍，生态文明建设是两江新区的"底色"，从生产到生活，一切开发建设必须坚持生态优先，从源头杜绝污染，且规划一旦制定，就必须坚定不移地执行到底。"长江、嘉陵江滨江景观这两带是'核'，四座山的森林屏障是'肺'……点面结合，形成生态绿色的毛细血管。"

"两江新区走的是以城聚产、以产兴城，产城联动、融合发展的路子。"两江新区管委会常务副主任汤宗伟表示，如今在两江这片土地上已经形成"一半山水一半产业"的格局。

宏观经济下行压力之下，两江新区为何能保持较快发展速度？产业竞争之中，两江新区如何实现步步为营？各地竞相布局战略性新兴产业，两江新区缘何先人一步？两江新区管委会常务副主任汤宗伟认为，这得益于通过"整机+配套""资本+股权""资源+项目""金融+市场""资产+政策"五种模式创新，实现了产业集群发展、转型发展、创新发展。

"比如汽车产业，2015年两江新区汽车产量213万辆，占比接近全国汽车产量的9%；产值2547.45亿元，同比增幅达17.9%；目前两江新区已经完成7家整车企业370万台整车、100万台变速箱、450万台发动机、5000亿元产值的产业布局。"汤宗伟说，通过上中下游企业集聚形成完整产业链条，本地配套率超过70%，极大减少了物流成本。

与此类似，两江新区还汇聚了以京东方、莱宝为代表的液晶面板产业，以和硕、纬创、仁宝等为代表的终端产业，以及以康宁、奥特斯、住友化学等为代表的核心配套产业，形成了比较完整的电子信息产业体系。

战略性新兴产业是典型的高投资、高技术、高风险产业，以重庆京东方项目为例，项目投资超过300亿元，单家企业显然难以负担。当地政府就通过重庆市级投资平台和企业以股权投资方式购买了约200亿元京东方定向增发的股票，京东方拿到资金后全部用于项目投资，并撬动了100多亿元银行贷款。以此为借鉴，两江新区陆续吸引了美国AOE等多个"三高"产业项目以"资本+股权"方式落地。

据悉，重庆市级层面已成立了800亿元规模的战略性新兴产业投资资金，以及 200 亿元规模的产业引导股权投资基金；两江新区也成立了 200 亿元规模的战略性新兴产业股权投资基金。通过这些产业基金发挥撬动作用，将形成数千亿元滚动投资，助推更多项目落地。

重庆是全国最大的汽车生产基地，拥有近 30 家整车及改装车企业和 1500 多家汽车零部件企业，基础雄厚、资源丰富。为优化汽车产业结构、培育新的增长点，两江新区着力推进长安、力帆、小康等本地车企的新能源汽车项目落地，鼓励支持长安福特、上汽通用五菱、北京现代等合资车企发展新能源汽车项目，并以整车生产推动电池、电机、电控等关键零部件项目聚集。预计到 2020 年，两江新区新能源汽车产能将超过 50 万辆、年产值 800 亿元，并带动上下游形成千亿级产业集群。

"企业进行项目投资时，关心产品销路往往比关心政策优惠、资金筹集还要多，但一些新兴产业发展初期普遍面临市场小、订单少、推广难等问题，这就需要进行商业模式创新，帮助企业培育和激发市场需求。"汤宗伟说，以引进飞机制造商瑞士皮拉图斯公司为例，该公司在全国多地考察后最终落户两江新区，就是因为帮助其开发了 50 架飞机的订单，两江新区通过成立重庆通航融资租赁公司，着力解决飞机"出路"问题。

汤宗伟还介绍说，排名全球前五位的机器人企业中，已有两家在两江新区开工建设新项目，另有两家也已签订了落户协议。这些行业巨头之所以选择两江新区，就是因为我们以"金融+市场"的手段，通过机器人融资租赁公司提供了订单。

轻资产运作是降低企业投资运营成本的重要方式。两江新区组建了若干融资租赁公司，并利用园区开发建设平台，以租赁、代建、分期付款等方式为落户企业提供厂房、设备等，吸引了康宁、霍尼韦尔等一大批项目落户。

2015 年，两江新区汽车、电子信息、装备制造三大支柱产业产值分别为 2500 亿元、840 亿元和 418 亿元，到 2020 年这三大支柱产业总产值将超过 8000 亿元。此外，到 2020 年两江新区重点发展的新能源及智能汽车、电子核心部件、云计算及物联网、通用航空等十大战略性新兴产业总产值将接近 4000 亿元。

后记：推动中国新经济

2016 年末，一年一度的中央经济工作会议召开。会议分析当前国内国际经济形势，总结 2016 年经济工作，阐明经济工作指导思想，部署 2017 年经济工作。

党的十八大以来，我国作出了经济发展进入新常态的重大判断，把认识、把握、引领新常态作为当前和今后一个时期做好经济工作的大逻辑。形成了以新发展理念为指导、以供给侧结构性改革为主线的政策体系，引导经济朝着更高质量、更有效率、更加公平、更可持续的方向发展，提出引领我国经济持续健康发展的一套政策框架。

旧有的经济发展模式难以为继，要实现"五位一体"全面发展，实现"两个一百年"奋斗目标，就要按照供给侧结构性改革的要求转变发展理念、转换发展模式，以"新经济"替代"旧经济"。

一、改革与创新双轮驱动 新经济取得骄人成绩

根据财政部的数据，2016 年 5 至 11 月份，四大试点行业营改增共减税 1105 亿元，税负下降 14.7%，并实现了全部新增试点行业总体税负只减不增。整体看，1 至 11 月全国营改增累计减税已达 4699 亿元。改革之火，已经点燃经济新引擎。

制度是新引擎的保障。党中央、国务院的一系列立足长远的改革措施，

必将护航新经济发展之路在未来越走越宽广。

作为经济景气的重要先行指标，2016 年 11 月份我国制造业采购经理指数（PMI）升至 51.7%，是近两年高点。此前，工业品出厂价格结束了连续四年半的负增长，自 9 月起连涨两月。

数据传递出的向好态势，本质上是供给侧结构性改革发挥了积极作用。一些落后产能退出后，我国供给领域供求关系正发生积极变化。也为未来发展提供了巨大的信心。

国有企业、财税金融、资本市场、土地制度、构建开放型经济新体制……2016 年以来，各领域标志性、支柱性改革陆续推出，一批具有重大牵引作用的改革精彩亮相，中国全面深化改革的"四梁八柱"正拔地而起。

经济学家认为，供给侧结构性改革的核心是坚持市场化改革方向。2016 年一系列重大改革表明，一些关键性的重大市场化改革不能放松，这也是为未来新引擎的发力创造制度条件。

——产权制度是现代国家治理体系的基石。《中共中央　国务院关于完善产权保护制度依法保护产权的意见》出台，从顶层设计强化了产权保护的法治化路径，稳定了社会预期，坚定了发展信心。

——抓住创新驱动这个"牛鼻子"推出财政科研项目资金管理、完善激励机制等多项改革，以制度创新促进科技创新。

——全面推开资源税改革，启动水资源税试点，以经济杠杆撬动企业和地方节能减排的积极性，向世界彰显我国发展绿色经济的决心。

改革与创新两个轮子一起，破除体制机制障碍，为创新培育沃土，引领护航。新引擎的动力之源在于创新，可以引领方向，汇聚力量。在推进供给侧结构性改革，实现经济转型升级过程中，创新不仅为经济发展打开一扇新窗，更为结构调整注入能量。

"十三五"开局之年，新技术、新成果加速转化，新模式、新业态不断涌现，创新千帆竞发，有力地引领着中国经济航船破浪前行。国家统计局数据显示，2016 年前三季度，战略性新兴产业、高技术产业保持 10% 以上的增速；服务业增加值占 GDP 的比重上升至 52.8%，比去年同期提高 1.6 个百分点；

单位能耗同比下降 5.2%；最终消费支出对 GDP 增长贡献率达 71%，比上年同期提高 13.3 个百分点。创新求变正为中国经济探索出更宽更广的发展之路，带来脱胎换骨的变化。

二、新经济将持续发力

中央经济工作会议强调指出，2017 年是实施"十三五"规划的重要一年，是供给侧结构性改革的深化之年。要适应把握引领经济发展新常态，坚持以提高发展质量和效益为中心，坚持宏观政策要稳、产业政策要准、微观政策要活、改革政策要实、社会政策要托底的政策思路，坚持以推进供给侧结构性改革为主线，适度扩大总需求，加强预期引导，深化创新驱动，全面做好稳增长、促改革、调结构、惠民生、防风险各项工作，促进经济平稳健康发展和社会和谐稳定，以优异成绩迎接党的十九大胜利召开。

中央经济工作会议，传递出 2017 年中国经济发展新动向，瞄准中国经济的新方位，传递出今后发展的新信号。2017 年要在继续深化供给侧结构性改革上持续发力，做好新旧动能转换，重点做好五个方面的工作：

（一）深入推进"三去一降一补"五大任务

一个国家的经济发展，从根本上要靠供给侧推动。2017 年是供给侧结构性改革的深化之年。贯彻落实中央经济工作会议精神，做好 2017 年经济工作，必须坚持稳中求进的工作总基调，坚持以推进供给侧结构性改革为主线，促进经济平稳健康发展和社会和谐稳定。

推进供给侧结构性改革，是党中央在全面分析国内经济阶段性特征的基础上，给出的调整经济结构、转变经济发展方式的治本良方。2016 年以来，我们以"三去一降一补"五大任务为抓手，推动供给侧结构性改革取得初步成效，行业供求关系发生积极变化，政府和企业理念行为发生积极变化，我们的经济导向对国际宏观经济政策也产生了积极影响。这充分表明这一重大战略判断经受了实践检验，符合实际、富有远见。

从长远看，推进供给侧结构性改革刚刚开始，更艰巨的任务还在后面。

当前，我国经济运行面临的突出矛盾和问题，根源是重大结构性失衡，主要表现为实体经济结构性供需失衡、金融和实体经济失衡、房地产和实体经济失衡。解决这些失衡，仍要从供给侧、结构性改革上想办法、定政策。因此在 2017 年，根据新情况、新问题完善政策措施，推动五大任务有了实质性的进展。

去产能要紧紧抓住处置僵尸企业这个"牛鼻子"，通过处置僵尸企业来达到去产能的目的。要继续推动钢铁、煤炭化解过剩产能，严格执行环保能耗安全等相关法律法规标准，推动企业兼并重组，妥善处置企业债务，做好人员安置工作。另外，要防止已经化解的过剩产能死灰复燃，同时用市场法治的办法做好其他产能严重过剩行业的去产能工作。也就是说，去产能不仅仅是钢铁和煤炭，要扩围，但是办法必须是市场化法治化的办法。

去库存要因城因地施策，重点解决三、四线城市房地产库存过多的问题，做到四个结合，同促进一亿农业人口市民化、棚户区改造、保障性住房建设、建立住房租赁市场等更好地结合起来。

2017 年是实施"十三五"规划的重要一年，是供给侧结构性改革的深化之年，在这样一个年度背景下做好经济工作，首先是要坚持稳中求进的工作总基调。稳是主基调，稳是大局。但是稳不是不作为，在稳的前提下，要在关键领域有所进取，要在把握好度的前提下来奋发有为。坚持推进供给侧结构性改革；推进农业的供给侧结构性改革；着力振兴实体经济；促进房地产市场平稳健康发展。

要继续实施积极的财政政策和稳健的货币政策，财政政策要更加积极有效，预算的安排要适应推进供给侧结构性改革、降低企业税费负担、保障民生兜底这样一种需要。调节好货币闸门，努力畅通货币政策传导渠道和机制，维护流动性基本稳定。要在增强汇率弹性的同时，保持人民币汇率在合理均衡水平上的基本稳定，同时要把防控金融风险放到更加重要的位置，下决心处置一批风险点，着力防控资产泡沫，提高和改进监管能力，确保不发生系统性金融风险。

要在控制总杠杆的前提下，把降低企业杠杆率作为重中之重。去杠杆和降杠杆有相同的地方，也有不同的地方，就总杠杆率而言，去和降可能有所不同，因为短期之内总杠杆率可能是降不下来的，但是去杠杆更是一种政策的方向，必须坚定不移。

就企业杠杆率而言，要坚定去杠杆的方向，也要降低企业杠杆率。企业降杠杆的政策措施主要是三个方面：第一，支持企业市场化、法治化的债转股；第二，加大股权融资力度；第三，加强对企业自身债务杠杆的约束等。

降成本要在减税降费降要素成本方面加大工作力度，降低各类交易成本，特别是制度性的交易成本，降低各类中介评估费用，降低企业用能成本，降低物流成本，要提高劳动力的市场灵活性，同时要推动企业眼睛向内来降本增效。

补短板要从严重制约经济社会发展的重要领域和关键环节、从人民群众迫切需要解决的突出问题入手，既要补硬的短板，也要补软的短板，既要补发展短板，也要补制度短板。

（二）积极推进农业供给侧结构性改革

农业的供给侧结构性改革也是十分迫切的，现在总量过剩，但是食品安全是老百姓最关心的，所以农业供给侧结构性改革在方向上要把增加绿色优质农产品供给放在突出位置，狠抓农产品标准化生产、品牌建设、质量安全监管，同时在源头上加大农村环境突出问题综合治理力度，加大退耕还林还湖还草力度，从根源上改善农村生态环境。

在政策上要积极稳妥地改革粮食等重要农产品价格形成机制和收储制度，加大玉米收储制度改革，做好政策性粮食库存的消化工作。在市场主体方面，要通过细化和落实承包土地三权分置办法等，培育新型农业经营主体和服务主体，使之成为农业结构调整的一支重要生力军。在产权制度方面，明确农村产权归属，赋予农民更充分的财产权利。

（三）着力振兴实体经济

振兴实体经济是供给侧结构性改革的主要任务，实体经济是强国之本、富民之基。中国从低收入国家变成中等收入国家，成为世界第二大经济体，靠的是实体经济，今后要跨入高收入国家也只能和必须依靠实体经济。这一战略思想必须坚定不移，不能有丝毫的动摇。近两三年来，金融业占 GDP 的比例快速提高，但制造业比重却在快速下滑，这种变化是不正常的。

中央经济工作会议提出，着力振兴实体经济。要坚持以提高质量和核心竞争力为中心，坚持创新驱动发展，扩大高质量产品和服务供给。要树立质量第一的强烈意识，开展质量提升行动，提高质量标准，加强全面质量管理。引导企业形成自己独有的比较优势，发扬"工匠精神"，加强品牌建设，培育更多"百年老店"，增强产品竞争力。

近年来，从马桶盖到化妆品，境外购物一度火爆。商务部的数据显示，目前，中国游客每年在境外消费超过万亿元，消费外流已经成为不可忽视的现象。专家表示，质量提升行动是主动适应消费升级趋势、加快推进实体经济供给侧结构性改革的重要举措。

因此，供给侧结构性改革必须把提高供给质量作为主攻方向。短期来看，可以通过税费改革、产品推介，引导消费者把更多的消费需求留在国内；长远来看，则要通过改革，充分发挥市场在资源配置中的决定性作用，完善知识产权保护等创新激励机制，推进职业教育改革和职业精神培养，为扩大高质量产品和服务供给厚植土壤。

（四）促进房地产市场平稳健康发展

针对 2016 年以来房地产泡沫扩大的问题，这次中央经济工作会议专门把促进房地产市场平稳健康发展作为供给侧结构性改革的一个重要任务，和"三去一降一补"当中的房地产去库存相互补充。

房子本来是给人住的，在一个稳定的制度和市场环境下，也可以作为投资品购买来出租，通过收取租金来取得回报。但如果政策不当，特别是制度不完善，住房的投资属性很容易演变成投机行为。所以，中央经济工作会议强调，要坚持"房子是用来住的，不是用来炒的"这一定位。在此基础上，综合运用金融、土地、财税、投资、立法等手段，加快研究建立符合国情、适应市场规律的基础性制度和长效机制。既要抑制房地产泡沫，又要防止出现大起大落。

2016 年全国多地房价出现非理性上涨，热点城市开启调控，从提高首付比例到重启限购、限价、限贷，再到进一步提高购房资格或贷款门槛，系列政策陆续出台。

中国人民大学财政金融学院副院长赵锡军表示，2016 年楼市存在一哄而上的资产泡沫风险，如果继续放任不管，就会影响整个经济的运行质量。所以，坚持房子"居住"的属性和定位、遏制炒作十分关键。越来越多的房地产投资与投机占用了过多的流动性，有可能使流动性固化，对房地产市场和金融市场平稳发展不利。

近年来，房地产市场调控主要集中在信贷和税收措施方面，但要促进房地产市场健康发展，根本上还是要立足国情推进相关基础领域改革。比如，要研究破解城乡二元土地制度带来的市场分割的问题，推动各类市场要素有序流动。相比售房市场，租赁市场是当前流动性人口众多的大城市的短板，要通过出台更加有力的系统政策，加快租赁市场发展。此外，还应构建稳定的房地产金融政策体系以及准确的市场信息体系。

因此，金融政策宏观上要管住货币，微观信贷政策要支持合理自主购买，严格限制信贷资金流向投机性住房。土地政策要落实人地挂钩政策，根据人口流动情况分配建设用地指标，落实地方政府主体责任，房价上涨压力大的城市，要合理增加土地供应，提高住宅用地比例，盘活城市限制和低效用地。在住房租赁政策上要坚持购租并举，加快住房租赁市场立法，培育和规范发展住房租赁市场，加快机构化、规模化的租赁企业发展。在市场监管政策上要加强住房市场的监管和整顿，规范开发销售中介等行为，从根本上解决房地产高泡沫和高库存并存的局面，必须调整和优化城镇化的布局和空间结构，功能集聚过大、人口压力过大的城市要加快疏解部分城市功能，带动中小周边城市的发展。

（五）加快推进关键领域改革攻坚

完成 2017 年的目标任务必须着力推进关键性、基础性的重大改革。

第一，深化国企国资改革，混合所有制改革是国企改革的突破口，要按照完善治理、强化激励、突出主业的要求，在电力、石油、天然气、铁路、民航、电信、军工这几大领域迈出实质性步伐。加快推进国有资本投资改革试点。

2015 年《中共中央、国务院关于深化国有企业改革的指导意见》出台以来，中央企业和各地国有企业按照"1+N"方案积极探索改革路径，亮点频频。但在国企改革迈向深水区的过程中，加快混合所有制的改革步伐，不失为一种主要且有效的路径。专家认为，混合所有制改革将推动国企积极吸收民间资本，有利于完善公司法人治理结构，提高国企整体竞争力。

第二，加强产权保护制度建设，抓紧编撰民法典，加大对各种所有制组织和自然人财产权的保护，坚持有错必究，纠正甄别一批侵害企业产权的错案、冤案，保护企业家精神，支持企业家专心创新创业。

第三，稳妥推进财税和金融体制改革，落实推动中央与地方财政事权和直属责任划分方案，加快制定中央和地方政府收入划分总体方案，抓紧提出健全地方税体系的方案。深入研究并积极稳妥地推进金融监管体制改革，深化多层次资本市场体系改革，完善国有商业银行治理结构，有序推进民营银行发展。

此外，还要完善养老保险的顶层设计方案，扩大对外开放。在改革的推进机制上要完善跨部门的统筹机制，加强对财税、金融、土地、城镇化、社会保障、生态文明等基础性重大改革的推进，既制定方案，又推动落实。同时，既要抓好重大改革的顶层设计，又要充分调动地方和基层推动改革的积极性和主动性。

展望未来，中国结构性改革仍有很多"硬骨头"要啃，但只要我们锐意进取、砥砺奋进，坚定不移推进全面深化改革，坚持创新，就一定能引领新经济的航船，创造中国经济的美好未来。